REIHE: MODERNE–POSTMODERNE

BAND 3: DENIS BOBANOVIĆ: DISKURS UND GESELLSCHAFT

edition fatal

Denis Bobanović

Diskurs und Gesellschaft

edition fatal

»edition fatal« Verlagsgesellschaft bR, München
Gesellschafter: Mario R. M. Beilhack, Anil K. Jain
www.edition-fatal.de, kontakt@edition-fatal.de

Reihe: Moderne–Postmoderne, Band 3
Herausgeber: Anil K. Jain

Denis Bobanović: Diskurs und Gesellschaft

Originalausgabe, München 2022

Titelbildgestaltung: edition fatal

Bibliografische Information der Deutschen Nationalbibliothek:

Die Deutsche Nationalbibliothek verzeichnet diese Publikation in der Deutschen Nationalbibliografie. Detaillierte bibliografische Daten sind im Internet über die Seite http://dnb.d-nb.de abrufbar.

ISBN 978-3-935147-48-4

Herstellung: Books on Demand GmbH

INHALTSVERZEICHNIS

INHALTSVERZEICHNIS

Vorwort

VORWORT

Das vorliegende Buch besteht aus drei aufeinander aufbauenden kulturkritischen Abhandlungen, die bereits in der philosophischen Fachzeitschrift »*Aufklärung und Kritik*« veröffentlicht worden sind und für diesen Band noch einmal überarbeitet wurden. Zusammen betrachtet bilden die drei Abhandlungen eine Ideologiekritik des demokratisch-liberalen Wertesystems.
Die erste Abhandlung »*Der Traum vom homosexuellen Türken*« problematisiert die deontologische Haltung des liberalen Westens, wonach die offene, tolerante Gesellschaft das alternativlose Ideal ist. Dies wird anhand des Beispiels des Films »*Halbe Brüder*« des deutschen Regisseurs Christian Alvart ausbuchstabiert. An der Vorstellung einer toleranten Gesellschaft ist zunächst nichts auszusetzen. Beim genaueren Hinsehen ist allerdings gerade der Toleranzbegriff nicht unproblematisch. Tolerieren heißt dulden und das Dulden ist immer ein Kraftaufwand, da man nie etwas (er)duldet, womit man prinzipiell einverstanden ist, sondern man duldet das, was man nicht akzeptieren kann. Und die Offenheit, die in demokratisch-liberalen Gesellschaften eingefordert wird, geht über das bloße Dulden hinaus. Zudem wird aufgezeigt, dass tatsächliche Überzeugungen allgemein nicht mehr en vogue sind, denn Überzeugungen haben Handlungen zur Folge – welche aus der Perspektive demokratisch-liberaler Gesellschaften möglicherweise nicht mehr »politisch korrekt« erscheinen. In der Folge entsteht eine liberale Ideologie des Verdrängens und der Unterdrückung. Die Auswirkungen dieser Unterdrückung treten in der Form immer radikalerer Gruppierungen zutage, die sich der subtilen Repression widersetzen. Radikale werden zu Opfern und Opfer zu Radikalen. Und jene, die sich dem Radikalismus entziehen, werden mit ihren Überzeugungen alleingelassen. Da eine demokratisch-liberale Gesellschaft immer auch eine diskursive Gesellschaft ist, gibt es für all jene die Möglichkeit, sich diskursiv an ihren Überzeugungen abzuarbeiten. Hier geht die Verdrängung noch einen Schritt weiter. Dem Begehren einer bestimmten Überzeugung Ausdruck zu verleihen wird rein diskursiv entsprochen. Es entsteht ein Mangelzustand, da das ewige Gerede zwar Kraft, Zeit und Energie kostet, jedoch faktisch ohne jeglichen realen, bleibenden Effekt bleibt. Entweder ermüdet das Subjekt oder es wird zum Zyniker. Weitere Optionen sind der reaktionäre Extremismus oder die Anpassung. Im Grunde alles un(er)tragbare Zustände.
Die zweite Abhandlung »*Trugschluss der unzutreffenden Bedrohung*« stellt die Frage nach der Natur des Totalitarismus. Dieser ist nicht nur protofa-

schistisch oder protostalinistisch. Unglücklicherweise versteift sich der öffentliche Blick auf diese beiden Ausprägungen, wobei die politischen Empfindlichkeiten sich eher am Faschismus abarbeiten. In der zweiten Abhandlung wird argumentiert, dass im Prinzip jede Ideologie protototalitaristisch ist – auch die demokratisch-liberale. Ein zu enges Bewusstsein, welches sich auf die historischen totalitaristischen Bewegungen fixiert, verliert aus dem Blick, dass die Gefahr neuer Formen des Totalitarismus – ganz gleich unter welcher ideologischen Schirmherrschaft – in jedem Moment real ist. Jedem Totalitarismus geht die Auffassung der Alternativlosigkeit des status quo voraus. Wo aber keine Alternative zum gegenwärtigen politischen System erlaubt ist, da ist der Nährboden für totalitaristische Entwicklungen bereitet. Das der Ideologie der Alternativlosigkeit ausgelieferte Subjekt strebt nach Anerkennung, und so verfügt jedes totalitäre System über Anerkennungsmechanismen, welche dieses Begehren der Menschen bedienen. Als Folge läuft das Subjekt fortwährend Gefahr, in eine *totale Anhängerschaft* zu verfallen, welche für die Welt außerhalb des totalitären Systems keine Sympathien hat. Ein wesentliches Werkzeug dabei sind die Medien. Sie kolonisieren das politische System und lenken so – gewollt oder ungewollt – die öffentliche Wahrnehmung.

Die dritte Abhandlung »*Kryptototalitarismus und Diskurs*« ist durchdrungen von dem Kerngedanken der Lacanschen Psychoanalyse, nach welcher die Sprache ein Eigenleben führt. Nicht der Mensch ist es, der die Sprache spricht, die Sprache spricht ihn. Sie ist schwanger mit unbewussten Inhalten, die sich bereits filternd auf die Perzeption des sprechenden Subjekts übertragen. Diese symbolische Ordnung ist die Matrix innerhalb welcher die Welt des Menschen funktioniert. Sie ist rein virtuell, was aber nicht bedeutet, dass ihr keine Realität zukommt. Sie ist wirklich qua Virtualität, doch sie folgt eigenen Gesetzen, die dem Menschen unbewusst sind – so auch die Realität des Kryptodiskurses. Dieser ist eine Keimzelle der Interpellation, und er infiltriert die unterschiedlichen Diskurse, an denen sich das Subjekt abarbeitet, ohne je *handelnd* zu werden. Dem Subjekt bleibt deshalb nur ein Ausweg: Es muss diese diskursive Manipulation, die ihre je eigenen Begehrensstrukturen schafft, erkennen; es muss sie sich bewusst machen. Erst dann wird es fähig sein, den ideologischen Exzess zu meiden.

Der vorliegende Band möchte ein Bewusstsein für die subversiv-unterdrückerische Dimension des Diskurses schaffen. Gerade in demokratisch-liberalen Gesellschaften wird dem Diskurs häufig eine ausschließlich positive Bedeutung zugeschrieben. Doch dies ist eine naive Sicht. So wie Platon einst lehrte, dass jede materielle Realität der Abglanz einer ideellen ist, so geht jeder Repression und jedem Totalitarismus ein Diskurs voraus, der alle strukturideologischen Koordinaten bereits in sich birgt. Hier wird allerdings kein diskursiver Idealismus vertreten, wonach der Diskurs allein die Effekte schafft, die zum ideologischen Exzess führen. Žižek weist völlig zurecht darauf hin, dass es eine Kraft geben muss, die den Diskurs *Fleisch werden* lässt: Das Begehren des Subjekts. Diskurs und Begehren sind miteinander verwoben. Begehren ohne Diskurs bleibt ohne Struktur, da das diskursive Narrativ für das Begehren gewissermaßen eine Leitplanken-Funktion hat. Erst der Mythos befähigt das Subjekt sich als das zu erkennen, was es werden möchte. Das Narrativ ist folglich der Tresor dessen, was als begehrenswert gilt. Andersherum bleibt der Diskurs ohne das Begehren effektlos, da ihm eine »materielle« Grundlage fehlt. Erst das Begehren öffnet das Portal zum Inneren des Subjekts. Jeder Dirskurs bleibt nichtssagend, wenn es kein Subjekt gibt, das seinen Anteil an der »großen Geschichte« genießt. Mit dieser hermeneutischen Brille sollte dieses Buch gelesen werden.

Abhandlung 1

ABHANDLUNG 1: DER TRAUM VOM »HOMOSEXUELLEN TÜRKEN« – FEHLZÜNDUNGEN LIBERALER IDEOLOGIE

Mit dem etwas eigenartigen und provokanten Titel dieser ersten Abhandlung sollen weder rassistische noch homophobe Ressentiments geschürt werden. Er ist vielmehr eine Anspielung auf ein Handlungselement aus dem Film »*Halbe Brüder*« vom deutschen Regisseur Christian Alvart aus dem Jahr 2015. Auf die Handlung wird im Folgenden noch näher eingegangen. So viel sei jedenfalls schon vorweggenommen: Diese Abhandlung versteht sich als eine Kritik der liberalen Postmoderne sowie ihrer sinnstiftenden Deutungsmuster und ihres Einheitsgedankens. Es soll gezeigt werden, dass die Utopie einer bunten, in alle Richtungen sich verwirklichenden Gesellschaft eine Fata Morgana ist, welche manche postmodern orientierten Visionäre zwar sehen, die aber vollends virtuell ist. Virtuell bedeutet nicht inexistent. Es existiert, kann aber keine reale Verwirklichung jenseits des Virtuellen erfahren. Das ist Ideologie in ihrer Reinform. Mit dieser Ideologie im Zusammenhang steht ein Wertesystem, welches nur auf dem Fundament ideologischer Sinnstiftung und Vereinheitlichung seinen Bestand hat. Doch eine Ideologie hat nur Zukunft, wenn ihre theopoetische Komponente geglaubt wird, oder aber, wenn sie durch intelligente mediale Infrastrukturen ihre Botschaft so oft wiederholt, dass Menschen ihre alternativen Standpunkte irgendwann aufgeben. Damit erfüllt sich, was Lenin einmal gesagt hat: dass eine Lüge wahr wird, wenn sie oft genug wiederholt wird.

Eine Gesellschaft, die sich durch solch exzessiv-diskursive Strukturen vollzieht, ermüdet irgendwann. Viele Individuen werden zu Anhängern des ideologischen Zeitgeistes, andere wiederum werden zu Zynikern. Der »*homosexuelle Türke*« verkörpert ein postmodernes Oxymoron, welches durch seine konzeptuelle Spannung sowohl zu inneren, als auch zu gesellschaftlichen Antinomien führt.

Der ideologische Fehlschluss postmoderner Visionen liegt in der Verkennung, dass ebendiese Visionen nur eine virtuelle Bedeutung haben – sie also im real-gesellschaftlichen Kontext schwerlich in Erfüllung gehen werden, vor allem deshalb nicht, da es aufgrund ökonomischer und sozialer Unterschiede nie eine »*bunte Einheit*« geben können wird. Die *bunte Einheit* erinnert an ein Beispiel, welches der slowenische Philosoph Slavoj Žižek in einem seiner Vorträge nannte: Im Karneval von Rio de Janeiro feiern Arme und Wohlhabende zusammen, die Grenzen zwischen beiden Bevölkerungsschichten scheinen für einen Moment aufgehoben, alle sind angeblich gleich und erfreuen sich am farbenfrohen Spektakel, getragen von ekstatischer Musik. Das Problem ist aber, dass der Arme trotz der kurzfristigen »Verbrüderung«, auf welche sich der Wohlhabende im Karneval einlässt, arm bleibt. Dieses Beispiel ist analog zum postmodernen Traum einer Gesellschaft, in dem alle kulturellen, sozialen und weltanschaulichen Differenzen überwunden sind. Aus diesem Traum entsteht eine Art Fata Morgana, welche durch die virtuell-ideologische Diskursmaschinerie am Leben gehalten wird. Wie diese Fata Morgana entsteht, wird durch den Film *»Halbe Brüder«* präzise verdeutlicht. Dieser Film ist das vielsagende Symptom der zentralen aktuellen ideologischen Phantasie, und aus diesem Grund möchte ich seiner Diskussion im Folgenden größeren Raum gegeben.

DER FILM: HALBE BRÜDER

Julian ist »Bio-Deutscher«, Yassin türkischstämmig und Addi ist »dunkelhäutig«. Alle drei wurden zur Adoption freigegeben und kennen deshalb ihre Eltern nicht. Bei einem gemeinsamen Notar-Termin erfahren sie, dass sie Halbbrüder und Söhne einer katholischen Nonne sind, die es mit der Keuschheit nicht so ernst nahm und sexuelle Kontakte mit Männern unterschiedlicher Ethnien hatte. Der Notar überreicht ihnen zudem eine Postkarte, auf welcher ihre Mutter zu sehen ist. Diese soll dabei helfen, den im Hintergrund abgebildeten Ort zu finden, denn dort ist ein Schatz im Wert von 120.000 Euro vergraben, welchen die Mutter für ihre Söhne bestimmt hat. Also werden die drei Halbbrüder auf eine »Schnitzeljagd« quer durch Deutschland geschickt, bei welcher sie erst ihre Väter/Erzeuger kennenlernen, dabei wesentliche Informationen sammeln, um dann schließlich den Schatz zu finden, der für sie bestimmt ist. Bei ihrem Roadtrip gehen sie durch Höhen und Tiefen. In diesem Zuge wird ihre brüderliche Verbindung (an anfänglichen Animositäten) intensiver, was schließlich zu einem Happy End führt.
Die Kritiken des Filmes »*Halbe Brüder*« fielen eher schlecht aus, da man ihn im Allgemeinen nicht als komisch empfand, obgleich er eine Komödie hätte sein sollen. Vielleicht sollte der Film aber nur auf der *narrativen Ebene* eine Komödie sein, welche in ihrer *symbolischen Textur* eine ernstzunehmende Botschaft aussenden möchte.

DAS ZIEL DER BUNTEN GESELLSCHAFT

Während vordergründig die Schatzsuche und der damit verbundene Roadtrip im Zentrum stehen, schimmert latent nämlich durchaus deutlich die ideologisch-symbolische Botschaft durch: Der Traum einer bunten Gesellschaft, in welcher alle Menschen Brüder werden, soll in diesem Film für jedermann verständlich herausgearbeitet werden. Die »halben Brüder« vereinen die drei alten Kontinente, welche als die Wiege der Menschheit verstanden werden können: Europa, der Kontinent des »weißen« Menschen (Julian), Afrika, der ursprüngliche Herkunftskontinent aller (»schwarzen«) Menschen (Addi), sowie Asien, verkörpert durch den türkischstämmigen Yassin.
Neben dem Multi-Kulti-Gedanken wird noch eine zweite Ebene eingeführt, nämlich die der sexuellen Freiheit und sexuellen Orientierung. Zu diesem Zweck wird im Film eine katholische[1] Nonne beschrieben, die mit ihrem ewigen Gelübde bricht und parallel ein Doppelleben führt, in welchem sie sexuelle Freizügigkeit lebt. Dies ist die erste Stufe eines erträumten Oxymorons: Eine Nonne, die sich eigentlich zur Keuschheit verpflichtet hat, ist gleichzeitig eine Frau, die sich einem exzessiven Sexleben hingibt. Beides schließt einander eigentlich aus, doch in dieser fiktiven Person soll der Widerspruch Fleisch werden. Der Traum einer bunten Gesellschaft wird auf eine einzelne Person übertragen, innerhalb welcher der Widerspruch aufgelöst werden soll. Die Nonne soll es schlichtweg nicht so ernst nehmen mit ihrem Gelübde.
Ein weiteres erträumtes personales Oxymoron ist der homosexuelle Türke im Gefängnis. Denn Yassins türkischer Vater hatte gemäß der Filmhandlung einerseits ein sexuelles Verhältnis mit einer unkeuschen Nonne. Andererseits hat er im weiteren Verlauf sein homosexuelles »coming out« und befindet sich im offenen Strafvollzug. Die fiktive Person des homosexuellen Türken, der ein Kind hat und im offenen Vollzug ist, bezweckt auch in diesem Fall verschiedene soziale Spannungsfelder innerhalb einer Person zu vereinen und den Widerspruch aufzuheben: Ein türkischer Gastarbeiter aus dem erzkonservativ-muslimischen Anatolien kommt in Kontakt mit der Hippie-Bewegung, schwängert eine Frau und vollzieht anschließend eine sexuelle Wendung – wenn er denn nicht schon immer bisexuell orientiert gewesen sein sollte. Hinzu kommt das Stereotyp eines inhaftierten Türken mit einer kleinkriminellen Karriere. Diese Sorte von »kriminellen Türken«[2] sind dem Vorurteil nach bekannt für ihre homophoben Haltungen. Auch diese zweite, widersprüchliche Ebene wird in die fiktive Gestalt des kleinkriminellen und

homosexuellen Türken eingebaut, sodass das filmische Oxymoron umso widersprüchlicher wird.
Bei diesen beiden Bildern handelt es sich um ideologische Phantasien,[3] die zum Ziel haben, Unversöhnliches zu versöhnen. So wie die Nonne mit dem Ernst ihrer ewigen Gelübde bricht, so soll auch der aus Anatolien stammende Türke mit seiner islamisch geprägten Weltanschauung brechen.

DIE ANTINOMIE DER TOLERANZ

Die Antinomie, die in diesem Film offenkundig wird,[4] entspringt dem Gedanken der Toleranz. Vordergründig betrachtet scheint die Toleranz ein sehr wertvolles Element postmoderner Gesellschaften zu sein: wenn Menschen genug sensibilisiert sind, können sie anderen Meinungen mit mehr Respekt begegnen, können mit anderen Weltanschauungen besser umgehen. Doch der Schein trügt. Das Gebot der Toleranz weist nicht nur in eine Richtung – es muss reziprok sein. Je mehr Menschen sich in Toleranz üben, umso besser funktioniert sie. Doch an dieser Stelle muss zunächst der Begriff der Toleranz geklärt werden. Die Idee der Toleranz entwickelte sich während der Epoche der Aufklärung, vor allem im Kontext der Spannungen zwischen Katholiken und Protestanten.[5] Es ging darum, dass man sich wegen der unterschiedlichen Ansichten und Weltanschauungen nicht die Köpfe einschlägt, sondern, dass man lernt, mit unterschiedlichen Meinungen umzugehen. Mit anderen Worten: Toleranz bedeutet das blanke (Er-)Dulden. Es geht um das Aushalten-Können, dass ein anderer die eigenen Ansichten eben nicht teilt und diese verwirft. Im Straßenverkehr gibt es beispielsweise im Fall von überhöhter Geschwindigkeit den sogenannten »Toleranzabzug«. Dieser variiert je nach Gesetzeslage, doch ist der Gesetzgeber bereit, über eine nur leicht erhöhte Geschwindigkeit hinwegzusehen, bevor ein Bußgeld droht. Ein anderes Beispiel betrifft die Geschäftswelt. Falls einem Geschäftspartner gewisse zugesicherte Konditionen doch nicht gewährt werden können, kann der benachteiligte Geschäftspartner bekunden, dass er die Abweichung toleriert, aber nicht akzeptiert.
Zwischen Toleranz und Akzeptanz liegen Welten. In unserer postmodernen Ära hat sich der Toleranzbegriff von der Bedeutung einer bloßen Duldung aber ein großes Stück wegbewegt. Es geht heutzutage also nicht mehr darum, Meinungen und Anschauungen, die man nicht teilt, nur zu dulden, damit es zu keinen Unannehmlichkeiten kommt, sondern der Begriff der Toleranz

übersteigt seine ursprüngliche Bedeutung bei weitem. Er wird mit der ideologischen Phantasie vermengt, wonach Menschen in der Lage sein sollen, ihre eigenen Überzeugungen zu relativieren. Die liberalen Strömungen westlicher Gesellschaft lehnen den Begriff der Leitkultur zwar ab, doch performativ versuchen sie, eine neue Form der Leitkultur einzuführen: die Leitkultur der Relativierung der eigenen Überzeugung. Es geht dabei letztlich um eine Form der Utopie, die völlig neue gesellschaftliche Strukturkoordinaten zu schaffen sucht: Antinomie als politisches Prinzip.

Philosophisch-psychoanalytische Interpretation: Ideologische Phantasie

Jacques Lacan definiert das Subjekt als ein Subjekt der Begierde. Es begehrt die Anerkennung des *Großen Anderen*, des Gottes, der Kirche, der Partei, der Firma, der Mutter oder einer anderen gesellschaftlichen Autorität. Doch dieser *Große Andere* ist in sich unabgeschlossen, unvollständig und inkonsistent. Nimmt man beispielsweise eine Partei, so hat diese ihre Ziele, ihr Programm und ihr Personal. Doch, gräbt man tief genug, stößt man auf Unstimmigkeiten, welche die anfängliche Ordnung untergraben und auf unsicheren Boden stellen. Und was für irgendeine Partei gilt, gilt auch für die Gotteskonzeption irgendeiner Religion. In besonderer Weise gilt es für die ersten *Großen Anderen*, welchen wir Menschen begegnet sind: Mutter und Vater. Zu beiden blickt das Kind auf, beide sind Vorbilder und gewissermaßen unfehlbar. Doch mit der Zeit erkennt das heranwachsende Kind, dass Mutter und Vater auch nur Menschen sind, die ihre Schwächen haben, dass auch sie sich täuschen können.

Dieser unvollständige, unvollkommene Große Andere wirft Fragen und Zweifel auf. Politische Aktivisten fangen an, die Parteiideologie zu hinterfragen, Kinder verlassen sich irgendwann vielleicht nicht mehr auf die Einschätzungen und die Interpretationen der Eltern, übernehmen nicht mehr ihre Weltanschauung. Die Erfahrung zeigt jedoch, dass Menschen den Autoritäten nicht einfach den Rücken kehren. Im Gegenteil, häufig sieht man, dass es gerade dann zu einer ideologischen Verfestigung kommt. Gerade wenn die Partei in großen Schwierigkeiten steckt oder Institutionen ins Wanken geraten, scheinen die Anhänger erst recht »ernst zu machen«. Jacques Lacan erklärt diesen (massen-)psychologischen Mechanismus im Kontext der dritten Version seines *»graphe du désir« (Graph des Begehrens)*.[6] Die Antwort liegt gemäß Lacan in einem simplen *»che vuoi?«*.[7] Weshalb genau diese Frage so treffend ist,

erklärt folgendes Beispiel: Angenommen ein religiöser Christ erleidet ein großes persönliches Unglück, so müsste dieser eigentlich zur Auffassung gelangen, dass es keinen allmächtigen (und guten) Gott geben könne, denn wäre dieser wirklich allmächtig, wie könnte er solches Unglück zulassen? Doch, wie bereits erwähnt, die ideologische Evolution geht häufig in eine andere Richtung. Das Unglück wird oft als Strafe betrachtet, und auf diese Weise bekommt das erfahrene Unglück einen *Sinn*. Damit die Strafe künftig vermieden wird, stellt sich folglich die Frage, was der Wille Gottes ist. Das »che vuoi?« ist als eine Frage an den *Großen Anderen* gerichtet: *Was willst Du? Was soll ich tun, um das zu erreichen, was Du möchtest?* Diese Phase – innerhalb welcher das bisherige Mindset eben nicht verworfen wird – wird im »Graph des Begehrens« mit der Frage »*che vuoi*« repräsentiert und sie zieht einen (quasi-)utopischen Zustand nach sich: *die ideologische Phantasie*. Man kann sagen, dass es sich hier um eine erogene und begehrende Zone des Subjekts handelt. Im Kontext unserer Fragestellung ist das Begehren die freiheitlich-egalitäre Gesellschaft. Das Phantasma hat nun die Funktion, dieses Begehren aufrechtzuerhalten, damit die anfängliche Unsicherheit und der Zweifel es nicht zerstören.
Am Beispiel der Sexualität wird die Funktion des Phantasmas besonders deutlich. Reduziert man den Geschlechtsverkehr nur auf seine formell-biologischen Mechanismen und durchschaut man die psychischen Prozesse, die determinierend in die Sexualität hineinspielen, so kann man relativ schnell die Lust daran verlieren. Sinngebend ist demnach das Supplement des Phantasmas, welches die Lust weckt, die Leidenschaft befeuert und neue Formen des Genusses ermöglicht.
Die gleichen psychischen Mechanismen greifen auch in weltanschaulich-ideologischen Fragen. Es gibt keine konkrete Vorstellung davon, wie man einen erzkonservativen Christen, Moslem oder Juden und einen LGBTQ-Aktivisten gesellschaftlich vereinen kann. Doch stärker als die Hoffnungslosigkeit eines solchen Unterfangens ist die ideologische Phantasie, die dafür verantwortlich ist, dass immer neue mediale und aufklärerische Infrastrukturen geschaffen werden, damit der Begriff der gegenseitigen Toleranz nicht an Wert verliert.

IDEOLOGISCHE VERDRÄNGUNG: DEKONSTRUKTION VON STANDPUNKTEN

An diesem Punkt wird die Frage der Fragen gestellt: Kann das Subjekt seinen weltanschaulichen und/oder religiösen Standpunkt seriös vertreten und diesen gleichzeitig derart relativieren, dass es nicht demgemäß lebt? Gerade in unserem postmodernen Zeitalter wird eine gewisse Offenheit allgemein verlangt. Dabei beruft man sich weitestgehend auf den gesunden Menschenverstand: keiner hat die totale Wahrheit gepachtet und demnach kann man mit seinen Anschauungen auch völlig falsch liegen. Insofern sollten alle Mitglieder der postmodernen, liberal-demokratischen Gesellschaft ihre eigenen Standpunkte aufweichen.

Das Argument scheint zunächst klar verständlich. Menschen können irren, und sie irren vor allem a posteriori regelmäßig. Wenn das wahr ist – und es ist wahr – dann ist es nur konsequent, seine eigenen Standpunkte zu relativieren. Bei genauerem Hinsehen jedoch scheint die Sache nicht mehr so klar. Zunächst muss der Status einer Überzeugung geklärt werden. Gibt es das Recht auf eine eigene Überzeugung? Gewiss. Doch Überzeugungen haben den Charakter, dass sie jeglichen Zweifel am Inhalt einer jeweiligen Überzeugung überwunden haben. Kant definiert in seiner *»Kritik der Vernunft«* den Begriff der Überzeugung entsprechend folgendermaßen: »Das Fürwahrhalten, oder die subjektive Gültigkeit des Urteils, in Beziehung auf die Überzeugung (welche zugleich objektiv gilt), hat folgende drei Stufen: Meinen, Glauben und Wissen. Meinen ist ein mit Bewusstsein sowohl subjektiv, als objektiv unzureichendes Führwahrhalten. Ist das letztere nur subjektiv zureichend und wird zugleich für objektiv unzureichend gehalten, so heißt es Glauben. Endlich heißt das sowohl subjektiv als objektiv zureichende Fürwahrhalten das Wissen. Die subjektive Zulänglichkeit heißt Überzeugung (für mich selbst), die objektive Gewissheit (für jedermann).«[8]

Die liberal-demokratische Gesellschaft ist – was den Begriff der Überzeugung angeht – nicht so streng wie Kant. Dank der auf den Menschenrechten basierten Meinungsfreiheit hat jeder das Recht, jene Überzeugungen zu vertreten, die er für richtig hält, selbst wenn sie nur mit Kants Begriff des *Meinens*, also dem *subjektiv* als auch *objektiv* unzureichenden Fürwahrhalten gleichgesetzt werden können. Den Bürgern wird demnach zugesichert, dass sie *meinen* können, was auch immer sie wollen. Der Staat hält seine schützende Hand über allen Meinungen. Bis auf ein paar verfassungswidrige Ausnahmen gilt: *Anything Goes!*[9] Allerdings eben nur, solange man nicht *ernst* mit seinen Überzeugungen macht. Jegliche Überzeugung, die sich gegen alternative Lebensmodelle oder gegen gewisse politische Anschauungen richtet, wird mit dem Begriff der Diskriminierung gebrandmarkt. Insofern kann folgende Charaktereigenschaft liberal-demokratischer Gesellschaftsordnung festgehalten werden: Sie duldet Überzeugungen nur auf der diskursiven Ebene, nicht auf der performativen.

Diese Strategie hat folgenden Vorteil: Es ist allgemein bekannt, dass die Unterdrückung von Meinungen in Frustration und Gewalt umschlagen kann. Insofern wird eine gewisse Bandbreite an unterschiedlichen Meinungen und ideologischen Standpunkten zugestanden, die sich aber alle an die gegenwärtigen Maßgaben der politischen Korrektheit halten müssen. Das hat zur Folge, dass man zwar auf der diskursiven Ebene seine Meinungen und Überzeugungen kundtun darf, jedoch gleichzeitig deren essentiellen Kern gegebenenfalls ersticken muss.

Der Philosoph Slavoj Žižek deutet im Kontext der Produkte der heutigen Lebensmittelindustrie auf eine ähnlich paradoxe Logik hin: Zuckerfreier Kuchen, alkoholfreies Bier, fettfreier Schinken, koffeinfreier Kaffee und dergleichen. Diese Produkte haben gemein, dass man sie scheinbar völlig bedenkenlos konsumieren kann, da sie ihres exzessiven Wesens beraubt worden sind. Ähnlich verhält es sich mit bestimmten Überzeugungen und Bewegungen. Es gibt so zwar etwa eine sozialistische Bewegung, jedoch ohne Revolutionscharakter, da dieser sogleich als *»linker Terror«* stigmatisiert würde. Und es gibt auch völkisch-nationale Bewegungen, die aber völkisch-nationale Ziele politisch nicht wirklich verfolgen können, da dies als *»rechter Terror«* betrachtet werden würde. Gleichermaßen gibt es auch konservativ-religiöse Bewegungen, die jedoch – trotz der kirchlichen Autonomie (zumindest im Kontext des Christentums) – nicht gesellschaftlich agieren und öffentlich ihre Überzeugungen vertreten können, da sie sonst als *»diskriminierend-fundamentalistisch«* angesehen werden würden.

Im Grunde hat man diskursiv-ideologische Nischen geschaffen, die jedoch ihres eigentlichen Kerns beraubt sind. So wie es alkoholfreies Bier gibt, so gibt es etwa das weltanschauungsfreie Christentum.[10] Es handelt sich dabei letztlich um eine Dekonstruktion von Standpunkten. Einerseits können sich die einzelnen Nischen diskursiv an ihren Weltanschauungen abarbeiten, jedoch ohne Aussicht auf jegliche praktische Konsequenz. Aus diesem Grund kann man sagen: Menschen in liberal-demokratischen Gesellschaften leben im Zeitalter des *folgenlosen Geredes*.

EWIGER DISKURS

Der Diskurs fungiert als ein politisches Ventil. Es geht nämlich weniger darum, sich diskursiv auf den Weg zu machen und nach einer adäquaten Lösungsstrategie zu suchen, sondern es geht darum, den folgenlosen Diskurs aufrechtzuerhalten. Ähnlich, wie in der Psychoanalyse, in welcher der Analysierte spricht und das Sprechen eine heilende und zugleich abreagierende Wirkung für ihn hat, so hat auch der politische Diskurs die Funktion das Sprechen aufrechtzuerhalten, damit es nicht zu Taten kommt. Das Ziel ist, dass sich *nichts* ändert. In der auf den allgemeinen Menschenrechten basierten liberaldemokratischen Gesellschaftsordnung darf jeder seine Nische finden, in welcher er sich bequem einrichten und in der er über alles reden kann – sofern daraus keine realen Konsequenzen entstehen. Solange es zu keinen Umstürzen kommt, solange ist alles in bester Ordnung. Der exzessive Kern wird beseitigt, sodass er kompatibel ist mit seinem genauen Gegenteil.
Derart wird ein ewiger Diskurs aufrechterhalten. Der Diskurs verbraucht überschüssige Energie, mildert Frustrationen – und führt manchmal in eine aporetische Situation, die schließlich zur Resignation führt. Die Kraft der sozialen und politischen Veränderung, die einer weltanschaulichen oder religiösen Überzeugung zugrunde liegt, wird durch den ewigen und omnipräsenten Diskurs erstickt. Das wiederum führt zu einer latenten *Ermüdung des Subjekts*. Diese kann sich auf mindestens drei Arten äußern: *Zynismus*, *Anpassung* und *Antagonismus*.

A) Ermüdung: Der koreanisch-deutsche Philosoph Byung-Chul Han schreibt über das heutige Zeitalter folgende interessante Gedanken: »Das beginnende 21. Jahrhundert ist, pathologisch gesehen, weder bakteriell noch viral, sondern neuronal bestimmt. Neuronale Erkrankungen wie Depression, Aufmerksamkeitsdefizit-Hyperaktivität-Syndrom (ADHS), Borderline-Persönlichkeitsstörung (BPS) oder Burnout-Syndrom (BS) bestimmen die pathologische Landschaft des beginnenden 21. Jahrhunderts. Sie sind keine Infektionen, sondern Infarkte, die nicht durch die Negativität des immunologisch Anderen, sondern durch ein Übermaß an Positivität bedingt sind. So entziehen sie sich jeder immunologischen Technik, die darauf angelegt ist, die Negativität des Fremden abzuwehren.«[11]
Die Positivität, von der in diesem Zitat die Rede ist, bezieht sich auf die Überdosis des Anderen. Die Stimmen, die Ansprüche und Apelle des Anderen sind omnipräsent. Sie erreichen das Subjekt über ein ausgeklügeltes Netz

unterschiedlicher Infrastrukturen: Fernsehen/Presse, soziale Netzwerke, staatliche Institutionen oder durch einzelne Subjekte, die zu Äquivalenten geworden sind. Byung-Chul Han zeigt völlig richtig auf, dass diese Überdosis des Anderen psychische Infarkte und neuronale Erkrankungen zur Folge hat. Während es in einer Disziplingesellschaft noch die Möglichkeit des Nein gibt, dulde die Leistungsgesellschaft, in welcher wir leben, kein Nein mehr. Deshalb erzeugt die Disziplinargesellschaft »Verrückte und Verbrecher. Die Leistungsgesellschaft bringt dagegen Depressive und Versager hervor«.[12] Vom Sollen und Müssen wird den Menschen heute die Botschaft des *»You can!«* vermittelt. Insofern wirkt die liberal-demokratische Leistungsgesellschaft *persuasiv* auf das Subjekt ein: »Die Positivität des Könnens ist viel effizienter als die Negativität des Sollens. So schaltet das gesellschaftlich Unbewusste vom Sollen aufs Können um.«[13] Byung-Chul Han kommt zum Schluss, dass die Leistungsgesellschaft ein *animal laborans* zur Folge hat, welches *hyperaktiv* und *hyperneurotisch* ist.[14] Sowohl in der Arbeit, als auch privat erschöpft sich das Subjekt, bis es dem psychischen Infarkt zum Opfer fällt.

Die von mir hieraus abgeleitete These lautet, dass das Epizentrum der Erschöpfung des Subjekts jenseits der Praxis liegt. Die Erschöpfungsformen eines hyperaktiven Subjekts, welches keinen Feiertag ohne Programm, keinen Feierabend ohne Fitness, keine Karriere ohne totale Selbstverleugnung angehen kann, führen zwar sehr wohl zu einer geistigen wie körperlichen Erschöpfung. Doch die psychische Erschöpfung, welche ihr vorausgeht, bereitet der körperlichen Erschöpfung das Feld. Kein Mensch würde sich privat wie beruflich derart aufarbeiten, würde er nicht einen primordialen Verlust zu kompensieren suchen.

Es kann also Folgendes festgehalten werden: Dem Subjekt, welches in einer Gesellschaft lebt, in welcher feststehende weltanschauliche sowie religiöse Standpunkte unerwünscht und ihrer Konsequenzen beraubt sind, bleibt nur noch der ewige Diskurs. Da dieser aber nur *folgenloses Gerede* ist, entsteht eine psychische Erschöpfung. Dem postmodernen Subjekt bleibt nichts als die Kompensation, und das Resultat ist eine *Ethik der Quantität*, wie Camus sagen würde. Durch Hyperaktivität wird die Ausschüttung von Endorphinen erzwungen. Ein vermeintlicher Glückszustand wird durch gezielte Erschöpfung erzeugt. Die notwendige Erschöpfung, die durch den ewigen Diskurs entsteht, zeigt sich in drei unterschiedlichen Formen.

B) Zynismus: Ein primordial Erschöpfter kann, als eine der drei Möglichkeiten, zum Zyniker werden, dessen Leben Ausdruck fortwährenden Spottes ist.

Der Zyniker ist ein ermüdeter Zeitgenosse, der einerseits erkennt, dass er nichts ändern kann, und er hat andererseits nicht einmal mehr die Kraft, etwas ändern zu wollen. Der Zynismus ist demnach eine letzte Bastion, in welche sich der Ermüdete zurückzieht. Von diesem τόπος aus, torpediert er den Glauben an jedwede Werte mit bissigem Spott und Hohn. Der Zyniker ist keinem Lager mehr zuzuordnen. Er verabscheut alle gleichzeitig, da er den Glauben an die Menschheit und an die Sinnhaftigkeit menschlicher Wertesysteme verloren hat.

C) Anpassung: Als zweite Form ist das angepasste Subjekt zu nennen. Es hat sich damit abgefunden, einen Großteil seiner weltanschaulichen und religiösen Standpunkte abgelegt zu haben. Es bejaht die Heterogenität der Gesellschaft, lehnt den Gedanken jeglicher Leitkultur ab und distanziert sich von definitiven weltanschaulichen sowie religiösen Haltungen. Es glaubt uneingeschränkt an das postmoderne ideologische Phantasma der Einheit in Vielheit, wobei die Einheit weder eine begriffliche noch konzeptuell reflektierte ist. Die Einheit im postmodernen Sinn ist ein ideologischer Einheitsbrei. Man darf zwar diskursiv mit gewissen Ideen kokettieren, jedoch ohne ihren exzessiven Kern, nämlich das konsequente Handeln, in Betracht zu ziehen: Schokolade ohne Verstopfung, Kommunismus ohne Revolution, Patriotismus ohne Nation, Konservativismus ohne Konserviertes, Religion ohne religiöse Ethik.
Das durch Ermüdung zwangsangepasste Subjekt wird bald schon merken, dass es innerlich leer, dass es sinnentleert ist. Da es aber an das neue politische Prinzip der Standpunktlosigkeit *glaubt*, muss es seine Glücksmomente, seine persönlichen Leidenschaft anders organisieren. Und so passiert, was Byung-Chul Han in seinem Buch beschrieben hat: Das angepasste Subjekt mutiert zum hyperaktiven und hyperneurotischen Subjekt. Es gibt sich der Arbeit hin, erzwingt kurzfristige Endorphin-Ausschüttung durch diverse Freizeit-Sportarten, und natürlich spielt auch die Konsumfreudigkeit eine wesentliche Rolle. Jemand, der viel und hart arbeitet, möchte sich auch einen gewissen Lebensstandard schaffen. Insofern ist das angepasste Subjekt auch eine ökonomische Kategorie. Die diversen ideologischen Diskursnischen sind im Grunde Märkte, auf welche hin bestimmte Produkte zugeschnitten sind. Jenseits des Diskurses und des Konsums bleibt jedoch nichts.

D) Antagonismus: Während sowohl Zynismus wie Anpassung einen resignierten Dauerzustand darstellen, übt sich das antagonistische Subjekt – als Gegenreaktion auf die Ermüdung – in Opposition. Es handelt sich hier um »reaktionäre«

Strömungen, die zwar unterschiedlichen ideologischen Lagern zuzuordnen sind, die aber gemein haben, dass sie die liberal-demokratische Idee der Postmoderne nicht akzeptieren können. Antagonistische Subjekte sind entsprechend die letzten großen Kämpfer gegen die vorherrschende liberal-demokratische Ideologie. Ihr Ungehorsam, ihre Störungen, wirken als Sand im liberalen Getriebe und zeigen anderen Ermüdeten, dass sie, statt der Resignation zum Opfer zu fallen, tätig werden könnten, an der Umsetzung einer anderen Gesellschaftsordnung mitarbeiten können. Das antagonistische Subjekt trachtet nach der Revolution, welche die Macht hat, alle politischen Ordnungen mittels des psychologischen sowie physischen Kampfes neu zu definieren.

DIE FATA-MORGANA DES HOMOSEXUELLEN TÜRKEN

Am Ende kann festgehalten werden, dass der Traum vom *homosexuellen Türken*, der in dem Film »*Halbe Brüder*« geträumt wird, mit einem ermüdenden ideologischen Phantasma gleichzusetzen ist. Die *bunte Gesellschaft* kulminiert in der Dekonstruktion des konservativ-muslimischen Türken, der sich schließlich zur Homosexualität bekennt. Dieses erträumte »lebendige« Oxymoron ist Symptom einer Gesellschaft, die nicht wahrhaben möchte, dass sich Parallelgesellschaften längst entwickelt haben. Heute mehr denn je florieren fundamentalistisch-christliche Freikirchen, salafistisch- und wahhabistisch-islamische Gemeinden, nationalistisch-völkische Bewegungen etc., die ihren Frust mit immer größer werdender Reichweite kundtun und sich als angebliche Alternative anpreisen.

Die naiven Ziele der liberal-demokratischen Gesellschaft, deren ideologisches Phantasma der homosexuelle Türke oder die sexuell exzessive Nonne ist, sind heute – durch ebensolche, von antagonistischen Subjekten getragene Gegenbewegungen – mindestens genauso in Gefahr, wie es der sozialistisch-kommunistische Gedanke um das Jahr 1987 war. Das Projekt der Dekonstruktion der Standpunkte oder die Reduktion derselben auf den bloß diskursiven Ausdruck steht womöglich vor einem Scheitern. Die aufflammenden Brandherde innerhalb der liberal-demokratischen Gesellschaften, die weltweite Zunahme autokratischer Machthaber und ganzer Völker, welche diese unterstützen, all das zeigt, dass es unrealistisch und ungesund war, eine Politik des Oxymorons realisieren zu wollen. Diese Politik ist nämlich eine Politik der Verdrängung, welche zum Ziel hat, alle archaischen und herkömmlichen Denkmuster zu überwinden. Der Blick in die Realität zeigt indes ein völlig anderes Bild. Die Menschen merken, dass sie politisch subtil bevormundet werden, dass man ihnen durch einen latenten Kryptodiskurs[15] neue Regeln und Standards oktroyieren möchte. Dieses Schema kann durchaus als eine Form der diskursiven Unterdrückung bezeichnet werden. Wenn Menschen sich unterdrückt fühlen, dann reagieren sie entsprechend mit Gegenbewegungen. Jede Form von Gewalt erzeugt Gegengewalt oder Entzug. Die diskursbasierte postmoderne Ideologie ist eine Gesellschaftsordnung, die auf Sand gebaut ist. Die Herausforderung unserer Zeit ist es, der diskursbedingten Ermüdung zu entgehen, sich den endlosen diskursiven Mühlen zu entziehen und Oasen im eigenen Leben zu schaffen, innerhalb welcher man zu sich kommt. Das Projekt der nächsten Jahre und Jahrzehnte könnte demnach wie folgt überschrieben werden: Vom »*homo lassus*« zurück zum »*homo cogitans*«.

Abhandlung 2

ABHANDLUNG 2: TRUGSCHLUSS DER UNZUTREFFENDEN BEDROHUNG – VOM AKTUELLEN NICHTVERMÖGEN DES AUFDECKENS TOTALITARISTISCHER MECHANISMEN

DER BEGRIFF DES TRUGSCHLUSSES DER UNZUTREFFENDEN KONKRETHEIT

Der britisch-amerikanische Philosoph und Mathematiker Alfred N. Whitehead entwickelte den Begriff des *Trugschlusses der unzutreffenden Konkretheit*. Mit ihm kritisierte er die Engführung der Wissenschaften auf bloß abstrakte Sachverhalte. Die Sprache der Naturwissenschaften, anhand welcher formale Strukturen erklärt werden, ist die Mathematik. Mit ihr formalisiert man unterschiedliche Vorgänge, und diese Methode ist natürlich legitim. Was nicht legitim ist, ist das Ignorieren der konkreten Formen, innerhalb welcher sich dieser oder jener abstrakte Sachverhalt *zeigt*. Konkrete Sachverhalte haben diverse Facetten und repräsentieren den Reichtum an konkreter Verwirklichung. Verbleibt man aber innerhalb einer Formalsprache wie der Mathematik, so verliert man die diversen, nicht-foramlisierbarfen, konkret gegebenen Sachverhalte aus dem Blick, und die resultierenden mathematischen Beschreibungen leiden folglich an einer gleichzeitigen Unbestimmtheit und Überbestimmung.

Beobachtet man etwa ein Sternbild und wertet die Daten der Observierung mathematisch aus, so erhält man abstrakte Relationen, wie zum Beispiel die Matrix der relativen Entfernungen zwischen den einzelnen Teilobjekten. Diese abstrakten Relationen kann man nun mit anderen vergleichen und daraus gewisse Rückschlüsse ziehen und Erkenntnisse ableiten. Diese Art der Betrachtung hat ihren unverkennbaren Wert. Doch derartige Analysen sind nicht erschöpfend, so Whitehead. Ein konkretes Sternbild ist natürlich mehr als die Summe seiner Distanz-Relationen. Es sollte nicht allein auf die Daten seiner formalen Analyse reduziert werden, da es als reales Pänomen um einiges reichhaltiger ist, als es sich formal ausdrücken lässt. Whitehead spricht in diesem Zusammenhang in seinem Opus magnum *»Prozess und Realität«* deshalb von einem Trugschluss der unzutreffenden Konkretheit: »Dieser Trugschluss besteht darin zu vernachlässigen, welchen Abstraktionsgrad man bereits erreicht hat, wenn man ein wirkliches Einzelwesen bloß insoweit betrachtet, als es bestimmte Denkkategorien exemplifiziert. Es gibt Aspekte der Wirklichkeiten, die man einfach ignoriert, solange das Denken auf diese Kategorien beschränkt bleibt. Daher lässt sich der Erfolg einer Philosophie daran messen, inwieweit sie diesen Fehler vermeiden kann, wenn man nur innerhalb dieser Kategorien denkt.«[16]

Im Folgenden wird dieses Konzept des Trugschlusses auf die Realität der politischen Aufklärung in Deutschland hinsichtlich der traumatischen Geschichte des Dritten Reiches und des Holocausts angewandt. Die Frage, die hier untersucht werden soll, lautet: Inwiefern leiden die Analysen des nationalsozialistischen Terrorregimes und der Faktoren, die zu seiner Machtübernahme führten, am Trugschluss der unzutreffenden Konkretheit? Die politischen Aufklärungskampagnen sowie die Sensibilität der Gesellschaft gegenüber zeitgenössischen Parallelen, die an distinkte Formen nationalsozialistischer Sprache und Praxis erinnern, orientierten sich an ganz bestimmten Kategorien, mithilfe derer nationalsozialistische Tendenzen aufgedeckt und unschädlich gemacht werden sollen. Alledrings stellt sich im Anschluss an Whitehead die Frage, ob diese Kategorien nicht eher ein Unvermögen bewirken, neue Formen des ausfkeimenden Totalitarismus zu detektieren.

Die zentrale These in diesem Zusammenhang lautet, dass politische Katastrophen nie vermieden werden können, wenn der Fokus alleine das bereits Dagewesene gelegt wird. Da die Realität immer wieder neue Formen der Gefahr hervorbringt, reicht es nicht zu studieren, was gewesen ist, sondern den Geist zu erkennen, in dem der Totalitarismus aufkeimen konnte und kann. Whiteheads Gedanke vom Trugschluss der unzutreffenden Konkretheit ist in Bezug auf das zu behandelnde Thema hilfreich, da er daran erinnert, dass der historische Formalismus, der inzwischen in der Erforschung des Faschismus gang und gäbe ist, die Perspektive auf neue Formen des Konkreten verdunkelt. Mit anderen Worten: Der Trugschluss der unzutreffenden Konkretheit äußert sich im Kontext des hier behandelten Themas a) als Verkennung neuer Formen des Aufkeimens totalitärer Strömungen und b) als Engführung auf historische Analysen (bei gleichzeitiger Ausblendung etwa von massenpsychologischen Prinzipien).

Whiteheads Gedanke vom Trugschluss der unzutreffenden Konkretheit korrespondiert in gewisser Weise mit der Hypothese Lacans, dass es keine Idealsprache geben kann. Das Konzept der Idealsprache impliziert, dass man in ihr alles Wesentliche ausdrücken kann. Doch das ist durch keine Sprache zu erreichen, da Sprache als solche bereits eine Verkennung der Realität ist. Die Realität ist immer reicher, intensiver und konkreter als das, was man mit der Sprache auszudrücken vermag. Sprache ist also ihrer »Natur« nach ein Trugschluss der unzutreffenden Konkretheit. Man kann im Medium der Sprache gewisse Sachverhalte andeuten, thematisieren oder zumindest einleiten, aber man kann konkrete Sachverhalte nicht erschöpfend in ihr darstellen. Die Sprache hinterlässt ein Vakuum, das den Zugang zu gewissen Sphären der Realität verschließt. Signifikanten sind Abstraktionen, die eine Botschaft »entwickeln« können, wenn sie zu einer Signifikantenkette kombiniert werden. Aber bestimmte Dinge muss man eben *erleben*,[17] man muss sich ihnen umfassender nähren. Wenn Wittgenstein in seinem »Tractatus« schreibt, dass man über gewisse Dinge zu schweigen habe, über die man nicht zu reden vermag, dann sind die Grenzen der Sprache in seiner Vorstellung äquivalent mit den Grenzen unserer Welt,[18] weshalb Wittgenstein die Philosophie auf eine bloße Sprachkritik reduzierte.[19] Während also für Wittgenstein die Welt durch vollständig verallgemeinerte Sätze beschrieben werden kann,[20] ist die Verallgemeinerung für Whitehead gewissermaßen nur die halbe Miete. Lacan hingegen, sieht die Sprache als eine Realität sui generis, die das Reale[21] nicht zu symbolisieren vermag, da sich das Reale der Sprache und ihrer Symbolisierung vollends entzieht.[22] Die Sprache ist mit anderen Worten nach ihm eine eigenständige virtuelle Realität. Wie Žižek folgerichtig erkannt hat, ist das Problem der Virtualität nicht erst mit den modernen Medien entstanden, sondern es war schon immer da. Die Medien und technischen Möglichkeiten, die den Menschen heute zur Verfügung stehen, haben der Realität des Virtuellen nur neuen Charakter verliehen.

Wendet man diese Erkenntnisse nun auf die politisch-gesellschaftliche Verarbeitung des Nationalsozialismus an, so muss man erkennen, dass es nicht reicht, wohldefinierte Begriffe in den Diskurs einzuführen und diese für die Identifizierung schädlicher Ideologien anzuwenden. Man muss die idealsprachliche Falle also umgehen und ausarbeiten, wie der Geist des Totalitären gleichsam *riecht und schmeckt*. Der Trugschluss der unzutreffenden Konkretheit wirkt sich in diesem Kontext also aus wie ein Trugschluss der unzutreffenden Bedrohung. Er betrifft nicht nur die Analysen der Totalitarismusforschung, sondern die Sprache selbst, die man benutzt, um Theorien zu entwickeln und Erkenntnisse zu erlangen. Der Diskurs ist also selbst Teil des des Problems.

Es lassen sich folglich im Kontext der Totalitarismusforschung *zwei wesentliche Strategiefehler* ausmachen: 1) die Entwicklung und Benutzung einer zu *unflexiblen Terminologie*, welche sich auf die Analysen wie eine selbst erfüllende Prophezeiung auswirkt (verblendendes Abstraktionsproblem); 2) die Beschäftigung mit *viel zu konkreten Sachverhalten*, welche eine begrenzende Wirkung auf die Möglichkeiten der Erkenntnis haben (Mangel an adäquater Abstraktion).

WARUM IMMER WIEDER TOTALITARISMUS?

Ein Mann wird in seinem Appartement überfallen. Er wird zusammengeschlagen und der Einbrecher stiehlt alle Wertsachen, die er in der Eile auffinden kann. Der Einbrecher war dunkel gekleidet, er sprach in einem bestimmten Akzent und er hatte eine gewisse Vorgehensweise. Dem Überfallenen gelingt es nur schwer, in seinen Alltag zurückzufinden. Er ist traumatisiert und will unbedingt vermeiden, erneut zum Opfer zu werden. Also legt er sich eine Strategie zurecht, welche ihn dazu anleitet, dunkel angezogene Männer eines bestimmten Alters, mit einem bestimmten Akzent und einer bestimmten Art, sich zu bewegen, zu meiden. Der Mann meint nämlich, damit Merkmale gefunden zu haben, anhand welcher er einen Einbrecher zu erkennen vermag. Tatsächlich fällt er aber einem zweiten Überfall zum Opfer, bei welchem der Täter ganz anders aussieht, spricht und agiert. Später wird er seinen Kindern von diesen beiden Männern erzählen. Er wird sie genau beschreiben und von seinen Erfahrungen und Ängsten erzählen …

Man könnte unsere durch die Last des Nationalsozialismus und seine Verbrechen beladene Gesellschaft mit diesem durch zwei Überfälle traumatisierten Mann vergleichen. Auch unsere Gesellschaft versucht das Trauma der nationalsozialistischen Vergangenheit zu verarbeiten. Die Devise lautet: »*Nie wieder!*« Um den Faschismus in Zukunft zu verhindern sucht man, wie der Überfallene, nach »phänomenologischen« Ähnlichkeiten. Doch Ernüchterung macht sich breit, sobald man erkennt, dass die generierten Stereotype keine Relevanz haben. Der Nationalsozialismus ist in der Art und Weise, wie er während der Zeit des Dritten Reiches in Erscheinung trat, *Geschichte*. Es gibt heute neue Formen gefährlich-destruktiver Entwicklungen, die vermutlich auch eine vernichtende Konsequenz hätten, würde man ihnen freien Lauf lassen. Totalitarismus zeigt sich heute in unterschiedlichen Formen: Er ist rechtsradikal, linksradikal, religiös-fundamentalistisch motiviert und sogar durch eigentlich liberale Ideale befeuert, die in einen gefährlichen Eifer münden, der andere stigmatisiert und ausschließt, die nicht diesen Idealen anhängen. Protototalitaristische Gesinnungen können aber auch gänzlich neue Formen annehmen, die in der bekannten Geschichte keinerlei Vorbilder haben.
Ein wichtiger Punkt, auf den an dieser Stelle genauer eingegangen werden muss, ist das Prädikat »x-radikal«. Das verbundene Problem ist dabei nicht das x, sondern das *radikal*. Der Fehlschluss, dem der Diskurs rund um den Totalitarismus, Extremismus und Fundamentalismus aufsitzt, ist die Verwechs-

lung von x mit *radikal*. Es gibt Felder, in welchen man beides wohl zu unterscheiden weiß. Man trennt beispielsweise den *Islam* von *Islamismus*. Man trennt die *linke Bewegung* von *Linksradikalismus*. Man trennt aber nicht die neue *rechte Bewegung* von *Rechtsradikalismus*. Das hat mit der Übersensibilität in Bezug auf die deutsche Geschichte zu tun. Es bleibt aber unverständlich, warum eine solche Sensibilität nicht auch für die traumatische Geschichte Ostdeutschlands, mit seinem kommunistisch-totalitaristischen Hintergrund, entwickelt wird. Man könnte das Ausmaß der begangenen Verbrechen in der Geschichte anführen, welches unter der Federführung national-völkischer Ideologie entstand. Doch auch der Stalinismus hatte unzählige Opfer zu verantworten und auch er war für seine Grausamkeit berüchtigt. Welche Dynamik der jeweilige Umgang mit der geschichtlichen Vergangenheit auch annimmt, er ist emotional geprägt. Betrachtet man die Sache nüchtern, so stellt sich freilich das Problem der Verwechslung von x mit radikal. Die hier vertretene These ist, dass die Realität, die sich hinter dem Terminus *radikal* verbirgt, das eigentliche Thema ist, das unsere Aufmerksamkeit verdient.

Die Aufarbeitung der nationalsozialistischen Geschichte Deutschlands läuft bedauernswerterweise nach demselben Schema wie die Aufarbeitung die das Einbruchsopfer aus der Geschichte an den Tag legt: Man beschränkt sich auf die nationalsozialistische Ästhetik, verbietet Symbole und stigmatisiert alle Bewegungen, die man im selben, nationalistisch-völkischen Fahrwasser vermutet. Derart möchte man die *neue-alte* Katastrophe des Faschismus im Keim ersticken. Man zeigt beispielsweise Schülern Filme und Bilder der Wehrmacht, die im Begriff ist Tschechien, Österreich, die Niederlande und den Balkan zu überrollen. Oder man zeigt Bilder und Filme von Verbrechen der SS, damit die Jugendlichen einen umfassenden Eindruck davon bekommen, was das damals für eine Zeit war. Das Problem an der Sache ist, dass der gewünschte Effekt oft nicht eintritt: die Emotionen, die sich mit dem Erleben der gezeigten Bilder und Texte verknüpfen sollten, bleiben weitestgehend aus – was wenig verwundern muss, zeugt doch dieses Vorgehen von einem weitgehenden *Unverständnis* psychologisch-ideologischer Mechanismen. Da die emotionalen Belastungen der damaligen Zeiten hinter uns liegen, kann man auf Basis von bloßem Bildmaterial in vielen Fällen nicht die gewünschte Empathie mit den Opfern erzeugen. Schlimmstenfalls weckt man durch das gezeigte Material sogar eine Faszination.

Viele Kinder und Jugendliche sind darüber hinaus von familiären Konflikten und einer gewissen existentiellen Perspektivenlosigkeit betroffen. Nicht wenigen fehlt der Tiefsinn in einem Leben, das häufig primär aus Konsum und oberflächlichen Vergnügungen besteht. Dieser Zustand hat meines Erachtens eine gewisse Offenheit für große und überdimensionale Bewegungen und Gesinnungen zur Folge. Es muss daher nicht verwundern, dass viele Jugendliche gerade mit gefährlichen Gesinnungen kokettieren. Während des Balkan-Krieges etwa kämpften Rechtsradikale aus Deutschland an der Seite kroatischer Einheiten.[23] Und unter den IS-Kämpfern waren viele Jugendliche und junge Männer aus der westlichen Welt zu finden, die in dem von vornherein verlorenem Krieg ihre Leben riskierten. Unsere Gesellschaft sollte sich fragen, warum junge Menschen so empfänglich sind für dubiose Heilsversprechen. Es reicht dabei nicht, diese Ideen zu lokalisieren und zu brandmarken, sondern man muss die Faktoren erkennen(und ihnen entgegenwirken), welche diese Faszination auslösen.

Ein wesentlicher Faktor hierbei ist die bereits angesprochene *existentielle Leere*, die den Menschen immer wieder in die Klauen von »großen Projekten« führt, da diese den Menschen das Gefühl von *Einheit* und *Sinn* vermitteln. Da sich viele Menschen danach sehnen, Teil einer großen und sinnvollen Bewegung, Teil einer großen Geschichte zu sein, um so ihrer Existenz einen überindividuellen Sinn beizumessen, wird es immer die Neigung geben, sich »großen Projekten« anzuschließen – und sei es auch nur im virtuellen Raum. Doch das ist noch nicht das eigentlich Gefährliche. Wirklich gefährlich wird es dann, wenn man ausschließlich innerhalb der Kategorien der großen Projekte/Bewegung denkt, welchen man angehört.

Der *Graph des Begehrens*, den Jacques Lacan in seinen *»Écrits«* in vier sukzessiv aufeinander bauenden Formen entwickelte, kann bei der Klärung der Mechanismen, die einer totalen Mitgliedschaft[24] zugrunde liegen, hilfreich sein. Die erste Form, der Graph 1,[25] hat die Einführung des durch die Sprache gespaltenen Subjekts zum Thema. Er besteht aus zwei Vektoren: einem hufeisenförmigen, der von rechts nach links verläuft, und einem horizontalen, der den hufeisenförmigen im oberen Drittel durchdringt. Der hufeisenförmige Vektor zeigt die Bewegung des Subjekts, welches durch die Sprache gespalten wird (weshalb Lacan dieses Subjekt mit einem durchgestrichenen S formalisiert). Der horizontale Vektor symbolisiert die Totalität der Sprache, d.h. die Totalität aller Signifikanten.

Δ (im hufeisenförmigen Vektor unten rechts positioniert) markiert den Bereich, der die Gefühle sowie das bloße Empfinden betrifft. Es handelt sich hierbei um körperliche Verlangen wie Durst oder Hunger oder um Emotionen wie Freude oder Trauer. Da Lacan davon ausgeht, dass die Sprache den Menschen hervorgebringt (und nicht umgekehrt),[26] neigt der Mensch dazu, seine Empfindungen zu versprachlichen. Das wird im Graph 1 bei der ersten Intersektion verdeutlicht. Die zweite Intersektion deutet bereits auf die Retroversion der Bedeutung unserer Begriffe hin. Claude Lévi-Strauss zufolge sind Signifikanten wie *Stärke*, *Gerechtigkeit* oder *Gott* sogenannte *floating-signifiers*, schwebende (leere) Signifikanten, die keine inhärente Bedeutung haben. Es gibt dieses und jenes *Gerechtigkeitsverständnis*, diese und jene Art der *Stärke* sowie diesen und jenen *Gott*. Damit diese Begriffe hinreichend definiert und fixiert werden, benötigt man Ideologien (Demokratie, Kommunismus, Faschismus etc.), die dem leeren Signifikanten konkrete Bedeutung einhauchen. Das vollzieht sich aber retroaktiv. Erst lernen Menschen unterschiedliche Begriffe, welchen sie vage Definitionen zuschreiben. Bald aber sehen sie, dass diese vagen Definitionen in Widersprüche führen. Erst die Ideologien geben den schwebenden und leeren Begriffen eine distinkte Bedeutung im Lichte ihrer weltanschaulichen Programme. Mit anderen Worten: Der Begriff der Gerechtigkeit als solcher ist leer. Es gibt nicht »*die Gerechtigkeit*«. Aber es gibt *eine* demokratische Gerechtigkeit, wenn man sich z.B. mehrheitlich für oder gegen etwas entscheidet. Aus diesem Grund macht es auch Sinn, von einer »*Leitkultur*« zu sprechen, denn sie bezeichnet den *ideologischen Standpunkt* einer Gemeinschaft. Nur dann, wenn eine Gemeinschaft ein gemeinsames Narrativ hat, gemeinsame Werte und Standpunkte, kann sie auch in der Lage sein, andere Standpunkte und Wertesysteme zu verstehen und schätzen zu lernen.

Im Lichte der Lacanschen Theorie ist die Sache also klar: Der Mensch ist ein »ideologisches« Wesen und er braucht Ideologien für sein Funktionieren. Einen ideologiefreien Raum gibt es nicht. Schwebenden Signifikanten kann man sich folglich nur durch mithilfe einer Ideologie annähern. Die Sprache trägt dazu bei, dass das menschliche Verständnis allgemein die richtige Stoßrichtung einnimmt, doch sie lässt andererseits auch ein Vakuum offen, das sie durch ihre Signifikanten nicht zu füllen vermag. Deshalb nennt Lacan das (sprachlich konstitutierte) Subjekt ein gespaltenes Subjekt. Seine Realität wird durch die Realität der Sprache aufgespalten. Es gibt so Vieles, das nicht *ausgesagt* werden kann – und doch müssen wir immer wieder über Dinge sprechen, über die man eigentlich gar nicht zu sprechen vermag.

Da das menschliche Begehren durch sprachlich-unbewusste Inhalte befeuert wird, die Sprache aber das Reale notwendig verfälscht,[27] wird der Mensch in seiner Suche nach Sinn und Erfüllung nie ans Ziel kommen. Psychoanalytisch gesehen leidet der Mensch an einer nie endenden Rastlosigkeit, einer Suche nach etwas, das nicht gefunden werden kann. Gerade deshalb nistet er sich besonders gerne in Ideologien ein, da er begehrt zu finden, was er sucht. Tatsächlich verliert er jedoch sich selbst aufgrund der Assimilation an die Ideologie. Dieser Selbstverlust ist der Preis, den man an die Ideologie zu bezahlen hat. Das mündet schließlich in eine totale Mitgliedschaft, eine Mitgliedschaft, die zu einer besorgniserregenden Metamorphose des Subjekts führt, denn sie erzeugt einen ebenso totalen Eifer, der sich gegen alles wendet, das nicht im Einklang mit der (sinnstiftenden) Ideologie steht. Diese destruktiven Entwicklungen sind im Kontext aller großen Ideologien zu beobachten, sowohl bei rechten wie linken. Und auch im heutigen liberalen Zeitalter gibt es besorgniserregende Tendenzen, seine Gegner rhetorisch unschädlich zu machen, indem man Quergeister, die sich dem politisch korrekten Diktat verweigern, öffentlich diffamiert, attackiert, ausschließt und sogar ihre Familienmitglieder bedroht.

Abschließend möchte ich folgende Erkenntnisse festhalten: Jede Ideologie hat ihren *exzessiven Punkt*. Sie ist jedoch nicht äquivalent mit ihrem exzessiven Punkt. Dieser exzessive Punkt wird dann erreicht, wenn die Ideologie eine *totale Mitgliedschaft* verlangt und das Subjekt diesem Verlangen nachgibt. Stereotype helfen nicht beim Detektieren von schädlichem Gedankengut und seiner Anhänger. Man muss nach den *Faktoren* suchen, die Menschen zu Sympathisanten solcher ihrem Potential nach totalitärer Anschauungen machen. Mehr noch: Menschen müssen aufgeklärt werden, wann und wie sie durch Ideologien fremdbestimmt werden (und das eben nicht *nur* im Kontext des Rechtsradikalismus).

Ein wesentlicher Grund des Versagens im Umgang mit Totalitarismus und Extremismus ist die Verwechslung von Ideologie und des Radikalismus, mit dem sie verfolgt wird. Ideologien als solche können nicht sinnvoll bekämpft werden, da sie die Psyche des Menschen strukturieren. Der Radikalismus, mit dem man bestimmten Ideologien anhängt, muss jedoch bekämpft werden, unabhängig davon, wo er auftritt. Unsere moderne westliche Gesellschaft bietet der Radikalisierung einen Nährboden, da sie die Menschen in ihrer Sinnsuche alleine lässt. Die allgemeine Oberflächlichkeit und Tristesse fördern bei Menschen eine exzessive Suche nach Sinn. Bestimmte Ideologien bieten hier eine greifbare Hoffnung auf Erfüllung, die zahlreiche Menschen lockt und einnimmt. Die wahre Gefahr aber liegt in jeglicher Art der *totalen Mitgliedschaft* und dem damit verbundenen *Eifer* für eine Sache, die ursprünglich nicht die eigene ist.

MEDIEN

Ideologien – gleich welcher Art – brauchen Kanäle um in das Herz der Masse zu gelangen. Eine Ideologie ist unwirksam, wenn nicht jeder wenigstens prinzipiell einen Zugang zu ihren Inhalten hat. Ideologien müssen folglich durch eine Propagandamaschinerie über geeignete Propagandakanäle distribuiert werden. Diese geeigneten Propagandakanäle sind heute moderne Medien wie TV, Radio, Presse, Internetportale etc. Der marxistische Philosoph Luis Althusser bezeichnete die Medien in seiner Abhandlung »*Ideologie und ideologische Staatsapparate*« als ideologische Staatsapparate (ISA) der Kommunikation. Dabei unterscheidet er zwar zwischen staatlichen und privaten Medien, doch er bemerkt zugleich, dass dies keinen besonderen Unterschied macht, denn auch private Medien können perfekt als ISA funktionieren bzw. von ihnen vereinnahmt werden. Mit anderen Worten: Medien erfüllen eine *bestimmte ideologische Funktion*, ob staatlich oder privat. Der Staat ist in Althussers Denken die Vorbedingung dafür, dass man etwas staatlich oder privat nennen kann. Dieser Gedanke funktioniert indes nur, wenn man den Staat als vermittelnde Institution der herrschenden Klasse denkt, die sozusagen eine Metaposition einnimmt. Erst im Lichte des institutionellen Staates treten Hierarchien und unterschiedliche Ämter/Funktionen auf unterschiedlichen Ebenen auf. Insofern steht der Begriff des Staats über der Unterscheidung privat und staatlich.[28]

Eine weitere interessante These, die Althusser in seiner lesenswerten Abhandlung aufstellt, ist die Zeitenthobenheit der Ideologie. Er stellt ganz unmissverständlich fest, dass *die* Ideologie keine Geschichte besitzt. Zwar manifestieren sich Ideologien in bestimmten geschichtlichen Abschnitten auf diese oder jene Art und Weise.[29] Doch *die* Ideologie, der allgemeine Dauerzustand, in welchem sich jede Generation befindet, hat keine Geschichte, da er *zeitenthoben* ist.

Noch interessanter wird es, als Althusser die Ideologie mit dem Freudschen Unbewussten vergleicht, welches ebenfalls geschichtslos ist.[30] *Unbewusstes und Ideologisches sind eins*, so könnte man vielleicht folgern. Wenn das Unbewusste und das Ideologische auf demselben Spielfeld auftreten, muss die Ideologie jedenfalls massentauglich und in der Lage sein, jeden einzelnen Menschen anzusprechen. Das wusste offenbar auch einer der »größten« Ideologen, Joseph Goebbels, Propagandaminister des Dritten Reiches. In seiner Rede vom 17. November 1942 in der Stadthalle zu Wuppertal erläuterte Goebbels: »Der Kardinal von Köln spricht [...] vor einem Priesterkollegium,

und der Dorfkaplan von Aibling spricht vor einfachen Holzfällern. Die müssen ihn ja verstehen, der kann [...] keine hochintelligente – äh, theologische Exegese vor-, vorexerzieren, das würde kein Mensch kapieren. Wenn der in die Geheimnisse der Gnadenwelt einweihen würde, so würden die Bauern vermutlich einschlafen (Heiterkeit). Ebenso kann ein nationalsozialistischer Redner doch nicht da in die Geheimnisse der Mystik einweihen, sondern er muss da ganz primitiv reden, dass die Bauern ihn verstehen, die müssen ja auch mit. Die müssen ja auch Soldat werden, müssen ja auch kämpfen bei Stalingrad, müssen ja auch ihr Leben einsetzen, müssen ja auch für das Vaterland sich einsetzen und ihr Blut, eventuell sogar ihr Leben hingeben. Sie müssen es ja auch verstehen, sie müssen sich wenigstens 'was vorstellen können, worum es geht; wenn es auch primitiv ist. Die brauchen gar nicht Goethe und Schiller zu kennen und brauchen nicht die Kantsche Philosophie studiert zu haben, sondern die brauchen nur zu wissen: Es geht um mein Vaterland und es geht um eine soziale neue Heilslehre und es geht für Hitler und es geht für die Erneuerung meines Landes und meines Volkes – das genügt vollkommen! So ist das auch heute! [...] Das heißt: Der Bauer vom Lande kann nicht so gescheit denken wie der Intellektuelle, aber der Intellektuelle kann so einfach denken wie der Bauer vom Lande. Also müssen wir so reden, dass alle uns verstehen [...] Das ist 'ne sehr einfache Rechnung.«[31]
In diesem Zitat wird deutlich, wie effektive Propaganda zu funktionieren hat: a) sie ist an *alle* gerichtet, da sie auch die *Einheit der Rezipienten* voraussetzend generiert (einheitliches Narrativ) und b) sie muss allgemein verständlich sein, das heißt in einfachen Worten, mit leicht zu erschließenden Zusammenhängen und zugänglich aufbereiteten Sachverhalten kommunizieren. Diesen zwei Anforderungen hat jede ideologische Propaganda zu genügen – oder sie wird scheitern. Die Nationalsozialisten hatten das verstanden und perfektioniert. In ihren öffentlichen Reden und den Materialien war nichts dem Zufall überlassen. Alles wurde akribisch geprüft und didaktisch aufbereitet. Aber natürlich konnte auch damals ohne die Medien ideologisch-propagandistisch nichts glücken, sodass der staatsgeleitete Journalismus und die damit einhergehende Berichtserstattung ein Komplize des Nationalsozialismus und des Holocausts war. Am Beispiel des Dritten Reiches kann man erkennen, welche tragende, ja unverzichtbare Rolle die Medien im Rahmen der Propaganda einnehmen. Ähnliche Grundzüge waren deshalb auch in den kommunistischen Regimen zu erkennen. Eine Ideologie funktioniert eben nicht ohne die Kommunikations-ISA. In totalitären Regimen sind die ISA vollständig im staatlichen Besitz (oder zumindest unter direkter staatlicher

Kontrolle), während in demokratischen Gesellschaften formell unabhängige Medien dominieren. Doch beim genauen Hinsehen wird klar, dass diese vordergründig unabhängigen Medien gar nicht so unabhängig sind, wie man zunächst vermuten möchte. Zum einen haben sie die Bedürfnisse ihres Publikums zu befriedigen. Tun sie es nicht, haben sie ökonomische Einbußen zu befürchten – ein weiterer Faktor, welcher die Unabhängigkeit (z.B. auch in der Form von Abhängigkeiten durch Werbeaufträge) signifikant schmälert. Hinzu kommen ideologische Präferenzen der Medienakteure selbst, welche ihr Verständnis von Journalismus und Berichtserstattung beeinflussen. All diese Elemente zählen zu den wichtigen Einflussfaktoren des sogenannten »unabhängigen Journalismus«.

Ein zusätzlicher zentraler Aspekt ist die subversive Rolle der Medien in demokratischen Ländern. Man kann zunehmend eine »Kolonisierung der Politik durch das Mediensystem« (Meyer)[32] beobachten. Diese Kolonisierung der Politik hat den Effekt, dass die Regeln des politischen Systems durch die Infiltration der nach eigenen Gesetzmäßigkeiten funktionierenden Medien außer Kraft gesetzt werden.[33] Die Kolonisierung kann in eine *Mediokratie* umschlagen, in welcher die Medien die einzige Quelle für den politischen Diskurs sind. Die medialen Filter-, Darstellungs- oder Interpretationssysteme sorgen schließlich dafür, »dass Neigungen und Vorlieben, Aufmerksamkeitsbereitschaft und Informationsneigung des breitest möglichen Massenfeldes der Gesellschaft zu einer Art Grundgesetz der gegebenen Kommunikationsweise werden«.[34] Die heutige Politik weiß allzu gut, dass die öffentliche Wahrnehmung ihrer Programme und Kandidaten wesentlich davon abhängt, wie die Medien dazu stehen. Also muss man die Medien dazu bringen, im eigenen Sinn zu berichten. Das ist die Königsklasse der Massenmanipulation: zu ernten, was man sät.

Dies alles hat man zu berücksichtigen, wenn man sich mit dem Geschäft der Totalitarismusforschung abgibt. Es ist – wie bereits deutlich gemacht wurde – nicht ausreichend, sich mit den rein geschichtlichen Daten auseinanderzusetzen. Man hat die Aufgabe neue Formen totalitaristischer Massenbewegungen zu erkennen, die immer medial vermittelt sind. Da stellt sich natürlich unmittelbar die Frage, warum man immer noch so weitgehend unkritisch ist, was die Vorgehensweise, die Arbeit und die Ziele der großen medialen Akteure betrifft?

Spannt man den Bogen zurück zum Anfang dieser Abhandlung, so stellt sich die Frage, wie die Medien im Kontext des Trugschlusses der unzutreffenden Konkretheit zu verorten sind. In diesem Zusammenhang sind natürlich primär jene diskursiven Denkkategorien relevant, innerhalb welcher Medien agieren. Wenn man das politische System und alle Kollateraldiskurse nur durch die Brille des medialen Diskurses betrachtet, so geschieht hier einerseits eine destruktive Engführung aller Thematiken, und es zeigt sich andererseits die Macht, welche die Medien über die gesellschaftliche Wahrnehmung und Gewissheitsproduktion haben. Man stelle sich nun vor, man habe es mit neuen Manipulationsmechanismen zu tun, die direkt vor den Augen aller Öffentlichkeit wirken, ohne dass man sie zu erkennen vermag, da man immer noch beim (konkreten) Dagewesenen verweilt und sich nur mit den üblichen, medial präsent gehaltenen Verdächtigen beschäftigt. Die modernen Medien stellen so die ideale Grundlage für propagandistische Ablenkungsstrategien bereit. Man sollte sich deshalb nicht der Illusion hingeben, dass es bei militärischen Auslandoperationen des Westens um die Verbreitung demokratischer Werte geht. Auch die Bekämpfung von sogenannten Schurkenstaaten sollte besser langsam Geschichte werden, da sie oft weniger auf Tatsachen als auf Wertungen beruht. Verlässt man die Ebene des medialen Scheins und untersucht die militärischen Auslandoperationen westlicher Nationen etwas genauer, so wird man im Übrigen deutlich erkennen, dass nicht die westlichen Werte, sondern die Verfolgung von geostrategischen Zielen im Vordergrund steht.[35] Bei diesen Ablenkmanöver spielen die Medien eine wesentliche und tragende Rolle. Insofern leidet unsere Gesellschaft auch diesbezüglich am *Trugschluss der unzutreffenden Bedrohung*.

Eine weitere wesentliche Gefahr der Mediokratie innerhalb der demokratischen westlichen Gesellschaften sind die *Kontraeffekte der hysterischen Berichterstattung*. Jedes Thema mit Aufmerksamkeitspotential wird im großen Stil aufgezogen. Insbesondere Terror-Anschläge und Täterprofile stehen hoch im Kurs. Schenkt man Anschlägen und vor allem den Tätern so viel öffentliche Aufmerksamkeit, ignoriert man, dass genau dies ein Hauptziel der Täter ist: *Publicity für die Taten und die dahinterstehende Gesinnung*. Es ist diese sogartige Wirkung, die vom (Lacanschen) Realen ausgeht. Ekel und Faszination liegen hier leider eng beieinander. Man weiß zum Beispiel auch von Groupies, die zum Tode verurteilte Serienmörder in US-amerikanischen Todeszellen haben. Und man weiß von Jugendlichen, die islamistische Terroristen aufgrund ihres »heldenhaften Mutes« verehren. Doch woher wissen all diese Menschen von ihren *falschen Vorbildern?* – Durch Medienberichtserstattung. Es werden Täterstories veröffentlicht, mit ihren Biographien, ihren ideologischen Ansichten sowie zahlreichen persönlichen Fotos und Lebensdetails. Manche Menschen, die unter Aufmerksamkeitsdefiziten leiden, träumen von einer solchen Medienaufmerksamkeit. Man erhält die Chance, einmal im Leben im Zentrum der Wahrnehmung zu stehen. Nimmt man die Logik meiner Betrachtungen ernst, so erfüllen die Medien nicht nur den Traum vieler Täter posthum, sondern motivieren mit ihrer hysterischen Berichterstattung zur Nachahmung. Schon Berkeley wusste: »Esse est percipi«.[36] Das gilt umso mehr im Zeitalter der Massenmedien.

ABHANDLUNG 3

ABHANDLUNG 3: KRYPTOTOTALITARISMUS UND DISKURS – REKONSTRUKTION DISKURSIV-IDEOLOGISCHER ZWANGSMECHANISMEN

DER DISKURS ALS EIN INSTRUMENT DER ENTFREMDUNG: EINFÜHRENDE WORTE

Die folgende Abhandlung ist in drei Schritten aufgebaut: In einem ersten Schritt soll aufgezeigt werden, welche Arten von Diskursen zu unterscheiden sind und welche Funktion(en) diese auf massenpsychologischem Niveau erfüllen. Im anschließenden zweiten Schritt wird dargelegt, dass eine Pluralität von Diskursen zwar eine diskursive Intransparenz bewirkt, dass aber diese Intransparenz eine unausweichliche Konsequenz der Demokratie als Staatsform selbst ist. Daraus folgt auch eine Demokratiekritik, da die Demokratie im Licht der angestellten Diskursanalysen als eine Art Kryptototalitarismus erscheint. Im dritten und letzten Schritt auf die Ethik des Begehrens Lacans Rückgriff genommen und aufgezeigt, dass in jedem Diskurs das Begehren einer bestimmten Gruppierung auf möglichst viele potentielle andere Diskursteilnehmer übertragen wird.

MACHT UND KRYPTODISKURS

Wenn ein Sprecher kompetent eine sprachliche Äußerung tätigt, die a) thematisch abgegrenzt ist und b) von anderen verstanden und zur Kenntnis genommen wird, so kann man diesen Akt einen *Diskurs* nennen – so und ähnlich ist der Diskurs auch in einigen philosophischen Wörterbüchern definiert.[37] Die Psychoanalyse lehrt jedoch, dass diese Auffassung des Diskurses zu kurz greift. Der Diskurs ist nicht eindimensional. Um das zu erkennen, kann man auf das Kommunikationsmodell von Schulz von Thun zurückgreifen. Es exemplifiziert die unterschiedlichen Topoi eines Diskurses: Der Sender hat eine Botschaft und richtet sie als Apell an den Empfänger. Dabei spielen zwei Ebenen eine signifikante Rolle – die Sachebene *(»bring den Müll raus«)* und die Beziehungsebene *(das ist das Mindeste, das Du in diesem Haushalt tun solltest)*. Wenn in dieser Abhandlung im Folgenden die Rede von *Kryptodiskurs* ist, dann wird damit explizit nicht auf die Beziehungsebene des Diskurses abgehoben. Zwar erfordert jeder Diskurs Akteure, die in einer – wie auch immer gearteten – Beziehung zueinander stehen. Doch dies bedeutet nicht zwangsläufig eine Beziehungsebene im Sinne des Modells von Schulz von Thun. Der »beziehungslose« Kryptodiskurs, um den es im Folgenden gehen wird, ist nämlich wie folgt definiert: *Der Kryptodiskurs spielt auf der Ebene des Unbewussten und entfaltet seine Wirkung, ohne dass es den Rezipienten möglich ist, ohne Weiteres seinen Ursprung auszumachen. Vielmehr zeigt sich seine Wirkung so, dass die Rezipienten der Ansicht sind, sie selbst wären die Autoren ebendieser Wirkung.* Genau deshalb handelt es sich um einen Kryptodiskurs: er wird als kausale Ursache für seine Wirkung verkannt, er bleibt im Verborgenen.

Es ist entsprechend keine große Überraschung, dass der so definierte Kryptodiskurs in engem Zusammenhang mit dem Freudschen *Über-Ich* steht. Die Instanz des *Gewissens* und der *Idealbildung* sollen den Exzess verhindern, das *Es* im Zaume halten. Dafür ist ein *Narrativ* notwendig, welches zur Gewissens- und Ich-Idealbildung beiträgt. Insofern war der theoretische Schritt, den Lacan später vollzieht, mehr als konsequent: Das Material des Unbewussten ist sprachlich, es ist verankert im Diskurs, in Geschichten, Heldenbildern, Mythen, und es wird auf verschiedenen Ebenen manifest und überträgt sich von einem Kontext auf den anderen. Doch wie kann ein Diskurs zugleich gewollt und unbewusst sein? Dies liegt in der Mehrdimensionalität des Diskurs begründet. Diskursteilnehmer spiegeln sich in ihrem Gegenüber, jede Seite wirkt auf die andere ein, und so ist der Diskurs schon immer eine dynamisch und ereignishaft sich vollziehende Realität, die von unbewussten Prozessen begleitet wird. Wenn sich beispielsweise ein Mitarbeiter mit seinem Vorgesetzten unterhält, so verläuft das Gespräch auf der bewussten, manifesten Ebene, insofern es um eine bestimmte Angelegenheit geht, und auf der unbewussten, latenten Ebene, insofern etwa Fragen der Autorität mitschwingen. Beide Ebenen spielen in das Gespräch hinein. Weiß der Vorgesetzte um die latenten Mechanismen, dann hat er die Möglichkeit das Unbewusste seines Mitarbeiters zu seinem Vorteil zu manipulieren. Dieser verdeckte Anteil wäre entsprechend der Kryptodiskurs des Vorgesetzten.

Doch wo und auf welche Weise vollzieht sich aktuell der gesellschaftliche Kryptodiskurs? Von wem geht er aus? An wen ist er gerichtet? Was ist seine Botschaft? Leider lässt sich der Kryptodiskurs nicht so einfach ausmachen, da es eine ganze Bandbreite an (ineinander verwobenen) Diskursen gibt, mit denen je spezifische Interessen verknüpft sind, die nicht immer offen zutage treten. Insbesondere gibt es im heutigen demokratisch-marktwirtschaftlichen Zeitalter eine immer größer werdende *Vielzahl an Diskursen*, die in einem antagonistischen Feld, welches wir – in Anlehnung an Lacan – die *symbolische Ordnung* nennen können, koexistieren. Die symbolische Ordnung ist das Feld der Sprache und somit auch der um *Interpretationshoheit* kämpfenden Diskurse. Das Feld des Diskurses ist uneinheitlich, disharmonisch, und es gibt keine Synthese, keinen Topos, von welchem aus ein einheitliches Bild entsteht, keine Perspektive, von welcher aus eine Stimmigkeit erfahrbar wäre. Diese Unstimmigkeit, diese Inkonsistenz der symbolischen Ordnung ist letztlich die Folge der Inkonsistenz der Sprache selbst.

Claude Lévi-Strauss entwickelte das in diesem Zusammenhang relevante (und in groben Zügen bereits vorgestellte) Konzept der *floating signifiers,* also »leere« Begriffe wie *Gerechtigkeit*, *Stärke*, *Freiheit* etc., die ohne konkreten Inhalt sind und über die man deshalb trefflich politisch streiten kann. Interessanterweise wird bei der Verwendung dieser Begriffe faktisch ein Begriffsrealismus an den Tag gelegt, während man theoretisch (gerade im demokratischen Zeitalter) eine Offenheit, eine Flexibilität solcher Begriffe betont. Mit anderen Worten: Akteure in demokratischen Gesellschaften sind der Theorie nach Nominalisten, in der Praxis jedoch Realisten. Auf der konzeptuellen Ebene setzt man sich für die Vielfalt von Interpretationsmustern und für die Offenheit von Lebensentwürfen ein, während man in der politisch-gesellschaftlichen Praxis ebendiese systemische Offenheit gegenüber bestimmten Partikularentwürfen torpediert, indem man deontisch von allen, selbst beispielsweise von konservativen Christen, einfordert, sogar konträr zu eigenen Standpunkt stehende Lebensentwürfe zu akzeptieren (und damit ihren Standpunkt – entgegen der vorgeblichen Offenheit – faktisch devaluiert).

In der Tat argumentiert Sloterdijk im Geiste einer konsequent liberalen demokratischen Überzeugung: »Nur eine Moderne, die auch ihre Verweigerer alimentiert, ist auf der Höhe ihrer selbst.«[38] Eine solche Moderne würde freilich keinen Kryptodiskurs benötigen. Doch die heutigen, angeblich liberalen Gesellschaften sind keine modernen Gesellschaften in diesem Sinne. Sie leiden an einer *verdeckten Inkonsistenz*, die bedeutet, dass sie das, was sie von den einzelnen Akteuren einfordern, selbst nicht leisten. Diese verborgene Abgeschlossenheit darf natürlich nicht zutage treten. Sie darf im öffentlichen Geflecht der symbolischen Ordnung nicht offenbar werden. Die Verschlossenheit unter dem Deckmantel der Offenheit muss eben unter diesem Deckmantel bleiben, sodass diese Kryptoexistenz auch einen Kryptodiskurs benötigt.

Der Kryptodiskurs muss allerdings klug entfaltet werden, er muss seine eigenen Spuren verwischen und er muss seine Botschaften so formulieren, dass die Rezipienten diese weder als Botschaften noch gar als Appelle verstehen, sondern im Unbewussten wirken, so dass sie als eigene Gedanken erscheinen. Hier ist bereits gut zu erkennen, dass sich die Inkonsistenz zwischen Theorie und der Praxis auch ins auf Subjekt selbst verlagert. Während sich das Subjekt als ein konsistentes, einzigartiges Subjekt versteht und davon ausgeht, es wäre der Autor seiner eigenen Entwürfe, an die es glaubt, stellt sich in seiner alltäglichen Praxis heraus, dass es nach festen, vorgegebenen Mustern zu funktionieren hat. Diese zweite Ebene jedoch, die praktische, verbleibt zumeist unbewusst. Welche Rolle nimmt hierbei der Kryptodiskurs ein? Wenn das Unbewusste ins Bewusstsein gelangt, droht es seine Macht zu verlieren. Hier kommt der Kryptodiskurs ins Spiel. Er beinhaltet eine narrative und eine appellative Ebene. Die erste ist bewusst und die zweite unbewusst. Damit der Appell wirken kann, ist ein Narrativ vonnöten. Der Kryptodiskurs weist jedoch eine solche Beschaffenheit auf, dass er auf der appellativen Ebene genau das Gegenteil dessen aussagt, was auf der narrativen Ebene als Botschaft zugrunde liegt – und zwar ohne jede Ironie.

Im Kontext demokratischer Politik sind der Begriff und der Kampf um die Freiheit ubiquitär. Letztlich bedeutet der Freiheit im liberal-demokratischen Sinne, dass jedes Mitglied der Gesellschaft insbesondere das Recht auf Meinungsfreiheit hat. Allerdings ist eine bestimmte Bandbreite von Meinungen faktisch hiervon ausgenommen. Die Äußerung solcher Meinungen ist nicht, wie in klassisch-totalitären System, verboten und mit Verbannung sanktioniert, sondern ihre Einschränkung vollzieht sich graduell und subtil. Und nicht die staatliche Exekutive macht Jagd auf die »Nonkonformisten«, sondern dies wird an die einzelnen Subjekte delegiert. Es entwickelt sich eine Gruppendynamik, die »Nonkonformisten« und »politisch inkorrekte« Diskursteilnehmer sozial sanktioniert und bei Bedarf aufs Schärfste zurechtweist. Eine wichtige Plattform für die Entwicklung solcher Dynamiken stellen die sozialen Netzwerke dar. Dort fungieren vom Kryptodiskurs »vereinnahmte« Subjekte zu einem zurechtweisenden Kontrollorgan. Sie kämpfen im virtuellen Raum für Ideen, Lebensentwürfe und Interpretationen, welche mit ihrem eigenen persönlichen Alltag wenig bis nichts zu tun haben. Die omnipräsente, kryptodiskursive Realität transformiert die Netzgemeinde zu einer mikropolitischen Instanz, die keiner darüber hinaus gehenden Repressionsmechanismen mehr bedarf, um dem latenten Appell des Kryptodiskurses Geltung zu verschaffen.

Zusammenfassend lässt sich der Kryptodiskurs als verdeckter Diskurs, als verdecktes Begehren definieren, das einem bestimmten Interesse folgt: dem Machterhalt. Die herrschenden Organe haben allerdings begriffen, dass staatliche Repression erstens Gegengewalt erzeugt und zweiten, durch den Gewaltexzess, die eigene Autorität untergräbt. Die neue Herrschaft trägt dagegen das Gesicht der Freundlichkeit und der kollegialen Fürsorge. Beamte etwa erscheinen nicht mehr als unantastbare Repräsentanten des autoritären Staates, sondern sie stehen nunmehr für Service und Kooperation. Vordergründig scheint die herrschende Klasse immer liberaler zu werden. Es wäre jedoch naiv, davon auszugehen, dass es für sie keine markt- und geostrategischen Ziele und auch keine Möglichkeiten mehr gibt, diese zu realisieren. Werden diese aber offen verfolgt und umgesetzt, riskiert man oppositionellen Gegenwind. Es bedarf also eines Kryptodiskurses, der die potentiell kontroversen politischen Projekte mit vorhandenen Haltungen zu harmonisieren vermag. Das gelingt dem Kryptodiskurs durch latente Apelle, die konforme Denkweisen erzwingen. Hier spielen die Medien und die staatlich koordinierte Berichterstattung eine unterstützende Rolle, indem Emotionen wachgerufen werden. Gleichzeitig wird Befreiung (in der Befolgung des vorgezeichneten Wegs) versprochen. Insofern wird der floating signifier der Freiheit, der seinem Wesen nach leer ist, dadurch gefüllt, dass er nurmehr aus der demokratisch-liberalen Perspektive sinnvoll interpretiert werden kann. Dieser Prozess der Auffüllung der leeren Signifikanten durch den Kryptodiskurs verläuft unbewusst infiltrierend. Er ist allerdings aus dem Zentrum der Macht gesteuert.

ABLENKUNG UND KOLLATERALDISKURSE

Jeglicher Diskurs tritt zwar grammatisch nur im Singular in Erscheinung, seine »Natur« jedoch ist vielfältig, plural. Er gliedert sich dabei (unter anderem) in den *Kryptodiskurs* und viele *Kollateraldiskurse*. Die Kollateraldiskurse haben ablenkenden Charakter. Dieser ablenkende Charakter ist jedoch ungeplant, unbeabsichtigt. Es gibt keine evozierende Instanz, nichtsdestotrotz, die Kollateraldiskurse erfüllen eine bestimmte ideologische Funktion. Ihre Existenz ist dabei primär der Emotionalität der Diskursteilnehmer geschuldet. Die Kollateraldiskurse sind eine Verkennung, die aber ihre je eigenen Effekte aufweist. Der Diskurs rund um die Erinnerung an den nationalsozialistischen Terror ist ein geeignetes Beispiel für einen Kollateraldiskurs. Einst war er Ausdruck eines aktuellen politischen Bedürfnisses. Nun gibt es aber immer weniger lebende Zeitzeugen, und die Menschen sind mit neuen Formen des Terrors und des Unrechts konfrontiert. Der Diskurs, welcher den nationalsozialistischen Terror forciert in Erinnerung halten möchte, ist sozusagen nicht

mehr auf der Höhe der Zeit. Er versucht weiterhin, eine Sonderstellung in der diskursiven Landschaft einzunehmen, doch schwindet seine gesellschaftliche Relevanz. Seine informative Infrastruktur und die Möglichkeiten, die Rezipienten »anzusprechen«, sind jedoch perfektioniert und ausgereift, was ihn durchaus »nachhaltig« macht. Da er jedoch keine zureichenden Interpretationsfolien für neuere Phänomene bietet, ersetzen, wie man in Anschluss an Michel Foucault bemerken kann, die Kommentare die Urbotschaft. Der Kollateraldiskurs erhält so eine *Kollaterallogik*, die nur vorspiegelt, aktuelle Probleme und Sachverhalte erklären zu können. Das handelt sich, mit anderen Worten, um einen klassischen Kampf um Interpretationshoheit.
Der Kollateraldiskurs läuft in seinem Zu-spät-Sein ins Leere, da er mit alten Koordinaten aktuelle Muster interpretieren möchte, wobei das soziale Feld jedoch völlig neu und durch neue Faktoren konfiguriert worden ist. Der Kollateraldiskurs samt seiner Kollaterallogik erhält so eine verblendende und ablenkende Funktion – ob gewollt oder ungewollt, das sei dahingestellt. Jedenfalls spielt diese Verblendung, dieser Mangel an Innovation und kritischem Denken, jenen in die Karten, die den manipulativen Kryptodiskurs etablieren wollen. Je breiter die Diskurse gefächert sind, desto mehr gegenseitige Bezüge entstehen. So kommt es schnell zu einer hohen Komplexität von Information und Desinformation, die zur Folge hat, dass man beide nur noch schwer zu unterscheiden vermag. Die aufgrund der liberalen Weltanschauung gewollte große Bandbreite an Diskursen erzielt ihren Gegeneffekt: statt erhoffter Transparenz ist erhöhte *Intransparenz* die Folge. Doch diese Intransparenz existiert primär für die individuellen Akteure. Für staatliche und private Institutionen, welche durch moderne Datenverarbeitung mit hoher Komplexität und Informationsfülle umgehen können, ergibt sich gerade aus der großen Masse an Daten eine hohe Vorhersehbarkeit, was in der Datenverarbeitung als das *Gesetz der großen Zahlen* bekannt ist. Mit anderen Worten: Akte einzelner Akteure lassen sich nicht vorhersehen, doch die Reaktionen der Masse als Ganzes sind in der Summe durchaus vorhersehbar.
Auch deshalb kann von Kollateraldiskursen nicht im Singular gesprochen werden kann. Es gibt eine Vielzahl an Kollateraldiskursen, die je einzelnen ideologischen Interessen dienen und sich der Öffentlichkeit »aufzwingen«. Dabei wird auf eine vorgebliche Signifikanz für die Allgemeinheit verwiesen, es wird jedoch verkannt, dass Kollateraldiskurse entweder auf ein Partikularinteresse abzielen oder historisch überkommen sind. Dadurch entsteht, gerade in der widerspruchsvollen Vielzahl der Kollateraldiskurse, Verwirrung. James Bridle bringt es mit folgendem Zitat auf den Punkt: »the failure to comprehend

a complex world leads to the demand for more and more information, which only further clouds our understanding – revealing more and more complexity that must be accounted for by ever more byzantine theories of the world. More information produces not more clarity, but more confusion.«[39]
Nehmen wir an, die Kollateraldiskurse selbst treten ungeplant auf, als Resultat des widersprüchlichen Wesens des Sozialen, dann ist aber vielleicht doch ein anderes durchaus gewollt und geplant: die Ermöglichung der Vielfalt selbst. Dieses Projekt wird auch liberale Demokratie genannt. Daraus könnte man folgern: auch die Demokratie ist möglicherweise ihr eigener Gegeneffekt, denn sie ermöglicht konsequenterweise auch solche Konfiguration des sozialen Feldes, welche Möglichkeiten totaler Kontrolle eröffnen. Entsprechend bieten moderne Technologien zwar ein hohes Maß an Konnektivität, aber zugleich schränken die politischen Organe (durch Regularien) die Möglichkeiten des freien Informationsaustausches ein. Gerade das heutige Zeitalter, welches nicht nur über die Idee der Freiheit, sondern immer mehr auch über die Mittel zu ihrer Verwirklichung verfügt, scheint zugleich die rigorosesten Einschränkungs- und Überwachungsmechanismen anzuwenden.
Die Kollateraldiskurse sind zudem, wie bereits angemerkt, von der Emotionen geleitet. Emotionen eröffnen das Feld aggressiver Rhetorik, die über eigene Ausschluss- und Sanktionierungsmechanismen verfügt. Gerade soziale Netzwerke bieten Raum für emotional geführte Diskussionen, die an bestimmte Kollateraldiskurse anschließen und dadurch zugleich diverse Ausschluss- und Sanktionierungsmechanismen bereitstellen. Was aber ist der Auslöser der Emotionen? Es kommen dabei zwei Faktoren zusammen: eine urspünglich *fremde* Angelegenheit zur eigenen gemacht und man übernimmt dabei eine *Opferrolle*. Heute sind v.a. die unterschiedlichen Lebensentwürfe ein großes gesellschaftliches Thema. In ihrem jeweiligen Kollateraldiskurs stellen sie eine fundamentale Ungerechtigkeit dar, der man nur allzu leicht zum Opfer fallen kann. Die Medien spielen dabei eine verstärkende Rolle. Ist der Kollateraldiskurs einmal medial aufgegriffen, stehen ihm effektive Darstellungsformen offen, welche die Emotionalität bei den potentiellen Rezipienten nicht nur fördern, sondern möglicherweise erst hervorrufen. Vordergründig wird das Thema des Kollaterdiskurses nur mediengerecht aufbereitet und auf der Sachebene präsentiert, doch auf eine Weise, die Emotionen verstärkt. Aus diesem Grund ist ein sachlicher Austausch auf Basis medialer Berichterstattung im Sinne von Kollateraldiskursen schwer möglich und führt die Rezipienten in eine konfrontative Haltung. Die Medien ihrerseits profitieren jedoch von der Vehemenz, mit welcher die Meinungen in den Diskursräumen vertreten werden.

KRYPTODISKURS UND KOLLATERALDISKURSE

Es ist kaum verwunderlich, dass der Kryptodiskurs von den unterschiedlichen Kollateraldiskursen profitiert. Da die Kollateraldiskurse einen ablenkenden Effekt haben, kann sich der Kryptodiskurs in die einzelnen Kollateraldiskurse »einschleichen«. Im Gegensatz zu den Kollateraldiskursen ist der Kryptodiskurs von einer bestimmten Instanz gesteuert. Doch er benötigt ein Feld auf dem er gedeihen kann. Hier bieten sich Kollateraldiskurse in ihren unterschiedlichen Varianten an. Der Kryptodiskurs dient dem Macht- und Interessenerhalt. Doch weder Macht noch die mit ihr verknüpften Interessen sind sicher, wenn die einzelnen Subjekte nicht in ihrem Sinne agieren. Um das zu erreichen, gibt es zwei Königswege: erstens den *totalitaristischen* und zweitens den *kryptototalitaristischen* Weg. Beide haben gemeinsam, dass sie totalitaristisch sind. Der Unterschied liegt in der Art und Weise der Machtausübung. Während der totalitaristische Weg seine Machtausübung öffentlich demonstriert (und so auch Widerstände hervorruft), sucht der Kryptototalitarismus seine Machtausübung so gut als möglich zu verbergen. Statt auf Zwang, setzt er auf Freiwilligkeit, und Selbstregulierung ersetzt Bestrafung. Dazu bedient er sich des Kryptodiskurses. Der Kryptodiskurs infiltriert die einzelnen Kollateraldiskurse und nutzt die evozierte Emotionalität und Energie, macht sie für seine eigenen Ziele fruchtbar. Es ist unnötig zusätzlich staatliche (Repressions-)Energie aufzubringen, wenn das Volk bereits diskursiv aufgeladen ist.

An dieser Stelle muss allerdings noch etwas näher untersucht werden, wie genau der Kryptodiskurs die Kollateraldiskurse infiltriert und instrumentalisiert und vor allem welche Metaziele damit erreicht werden sollen. Die *Infiltration* bewirkt, wie gesagt, eine Steuerung und damit das Fruchtbarmachen von Emotionen. Durch das Wuchern des Diskurses (insbesondere in den sozialen Netzwerken) wird zudem erreicht, dass für den Machterhalt wertvolle, »authentische« Informationen und Meinungsbilder gewonnen werden können. Über die dahinter stehenden Ziele kann nur spekuliert werden. Man kann aber immerhin bemerken, dass es insbesondere geostrategisch-marktwirtschaftlichen Zielen zugute kommt, wenn man sie »leise« und ohne offene Gewalt verfolgt. Byung-Chul Han fasst dies in besonders klarer Weise zusammen: »The greater power is, the more quietly it works. It just happens: it has no need to draw attention to itself. To be sure, power can express itself as violence or repression. But it is not based on force. Power need not exclude, prohibit or censor. Not does it stand opposed to freedom. Indeed, power

can even use freedom to its own ends [...] Today, power is assuming increasingly permissive forms. In its permissivity – indeed, in its friendliness – power is shedding its negativity and presenting itself as freedom [...] It proves so effective because it does not operate by means of forbidding and depriving, but by pleasing and fulfilling. Instead of making people compliant, it seeks to make them dependent.«[40]
Auch die Macht verändert ihren Charakter in »kreativer« Weise. In Foucaults *Überwachen und Strafen* wird die Richtung ihrer Evolution besonders deutlich. Vom Peinigen des Körpers im öffentlichen Straffest kommt es zu einer Verinnerlichung der Macht. Das Foltern wurde abgelöst von einem nur scheinbar »humaneren« System der Disziplinierung und »Besserung«. So auch im Bereich der politischen Macht: Sie ist nicht mehr offensichtlich repressiv, sondern sie versucht alle zu integrieren, versucht aus Gegnern Verbündete zu machen. Damit erzeugt sie einen sozialen Scheinfrieden, in dem die Repression nicht mehr von den staatlichen Organen ausgeht sondern die Individuen sich gegenseitig kontrollieren. Damit das aber funktioniert, muss das individuelle Begehren entsprechend – im Sinne der Macht – gesteuert und umgeformt werden. Die Ausübung der Macht bleibt so im Verborgenen und wird so zu einer überlegenen Macht. Sie ist nicht repressiv, sondern persuasiv – und deshalb besonders »nachhaltig«. Mit anderen Worten: Die Macht ist die Quelle des Begehrens *und* seiner scheinbaren Befriedigung zugleich.

KRYPTOTOTALITARISMUS UND DISKURSIVE INTRANSPARENZ

Jeder Eingriff verändert die Funktionsweise moderner, komplexer Systeme und erzeugt, durch die vorhandenen Interdependenzen, vielfältige Veränderungen. Dieser Komplexität kann man nur mit entsprechender, »intelligenter« Technologie Herr werden. Insofern sind auch politische Theorien aus Zeiten, in welchen künstliche Intelligenz (KI) noch keine Rolle spielte, nur mehr begrenzt auf die heutige Situation anwendbar. Die neoliberale Machtausübung koppelt sich an KI, sie wird ständig perfektioniert und optimiert und lässt völlig neue Möglichkeiten entstehen, welche nicht mehr mit herkömmlichen Erklärungsmustern verstanden werden können. Durch die Infiltration des Kryptodiskurses in die unterschiedlichen Kollateraldiskurse entstehen unendlich viele Daten, die verarbeitet werden müssen. Doch dies ist mit den herkömmlichen Datenverarbeitungsmethoden, schon aufgrund

der Masse an gesammelten Daten, unmöglich geworden. KI und insbesondere Methoden des Data Mining sind deshalb ein wichtiges, unverzichtbares Instrument zur Bewältigung der Datenmengen. Die Intransparenz der angewandten Algorithmen erleichtert den Eliten den Machterhalt. Hinzu kommt, dass die Vielfalt der Diskurse – und somit auch die Komplexität der entstanden und gesammelten Daten – ein demokratisch-liberaler Wert ist. Jeder spricht, was er möchte, doch die Verwendung all der so generierten Daten und die Folgen, die sich daraus ergeben, bleiben den einzelnen Subjekten unbekannt. Die Algorithmen sind jedoch keinesfalls neutral, vielmehr manifestieren sich in ihnen die Interessen und Vorurteile ihrer Schöpfer – entsprechend der Erkenntnis von Heisenberg, »dass jedes Werkzeug den Geist in sich trägt, aus dem heraus es geschaffen worden ist.«[41]
Der *Kryptototalitarismus*, wird also durch folgende Faktoren begünstigt beziehungsweise überhaupt erst möglich: 1. Die Kollateraldiskurse haben einen ablenkenden Effekt, da sie den Rezipienten emotional befeuern. 2. Durch die Infiltration der Kollateraldiskurse gelingt es dem Kryptodiskurs a) wertvolle Daten zu sammeln und b) die vorhandenen Energien zu instrumentalisieren. 3. Durch die neuen Möglichkeiten der KI lassen sich all diese Daten auswerten und Strukturen erkennen, die eine weitere Manipulatierbarkeit der Masse sicherstellen. Dadurch entstehen zwei wesentliche Vorteile: Die Masse glaubt erstens weiterhin an demokratisch-liberale Werte. Slavoj Žižek beschreibt dieses Phänomen folgendermaßen: »What people think, their opinion, is always reflexive; it is an opinion about the opinion: people are against an option because they do not believe that this option is possible/feasible.«[42] Die demokratisch-liberalen Werte befeuern zweitens Kollateraldiskurse und erzeugen so noch mehr wertvolle Daten im Sinne des totalen Machterhalts. Insofern ist die Demokratie, eng gekoppelt an soziale Netzwerke, paradoxerweise das effektivste Mittel totaler Überwachung, so dass ich hier von einem *Kryptototalitarismus* sprechen möchte.
Die einzelnen Diskursteilnehmer, die Individuen, begnügen sich mit dem Recht zur Teilnahme am Diskurs und dem Recht auf freie Meinungsäußerung, doch jeder Kollateraldiskurs ist nur ein Partikulardiskurs. Die Gesamtheit aller Diskurse, sowohl der Kollateraldiskurse als auch des Kryptodiskurses selbst, kann unmöglich überblickt zu werden. Insofern leidet das demokratische System apriorisch an einer diskursiven Intransparenz. Das versucht man zu kaschieren, indem die medialen Systeme eine Art Aufklärung auf verschiedenen Ebenen zu verschiedenen Themen leisten. Doch diese Aufklärung besteht nur aus zusammen getragenen Informationen, die sogar teilweise widersprüch-

lich sind. Am Ende entsteht eine Informationsaporie, in welcher sich die Masse zwar informiert fühlt, doch zugleich übersättigt ist und aufgrund der Komplexität der Information nicht mehr weiß, welche Konsequenzen sie aus alledem ableiten soll. Im Grunde bleibt dann alles beim Alten: beim Gehorsam und/oder Konsum.
Dieser Mechanismus kommt auch in Unternehmen zum Tragen, was sich in pluralistischen Unternehmensethiken widerspiegelt. Die Menschen – innerhalb und außerhalb des Unternehmens – sollen *glauben*, dass neue Werte Einzug gehalten haben, auf deren Basis Vertrauen entstehen kann. Diese PR-Bemühungen provozieren so Kollateraldiskurse, in welche sich dann ein Kryptodiskurs einbetten lässt. Durch das Sammeln von Interessen und Meinungen lassen sich die Angestellten effizienter führen und durch die intelligente Umlenkung vorhandener Energien lassen sich produktive Effekte erzielen, ohne dass die Führung Druck ausüben muss. Allerdings unterscheidet sich die Machtausübung auf der Mikroebene eines Unternehmens signifikant von der Machtausübung auf der Makroebene eines Staates oder einer Staatengemeinschaft: Je umfangreicher die Daten, umso vorhersehbarer die Reaktionen der Masse. Der Diskurs in einem Unternehmen erreicht jedoch nicht denselben Umfang wie in einem Staatswesen, zumal die soziale Struktur in einem Unternehmen auch nicht demokratisch (und damit »diskursoffen«), sondern hierarchisch ist. Mit anderen Worten: Ein Staat oder eine Staatengemeinschaft hat per se die besseren Möglichkeiten der Manipulation und der totalen Überwachung sowie Machtausübung.

Das Begehren als Instrument kryptototalitärer Interpellation

Ein Diskurs kann seine Teilnehmer nur dann in seinen Bann ziehen, wenn diese sich auf ihn einlassen. Dazu muss der Diskurs das Begehren ansprechen. Niemand investiert seine Energie in eine freiwillige Aktivität, wenn von dieser nicht ein gewisser Reiz ausgeht. So gibt es etwa Mechanismen der Belohnung, die gerade in den sozialen Netzwerken sofort zum Tragen kommen: Likes und affirmierende Kommentare zu eigenen Kommentaren. So wird eine Dynamik erzeugt, die nicht nur Befriedigung bewirkt, sondern vielmehr neues Begehren weckt. Das Begehren verwandelt sich performativ oft in einen Eifer, der sich in Anerkennung für Gleichdenkende und Zurechtweisung oder Suspension für Andersdenkende manifestiert. So siegt Emotionalität über sachlichen Austausch.

Am Beginn dieser Dynamik steht, wie gesagt, das Begehren. Doch wo entspringt es? Es kann unmöglich auf rein subjektiver Basis beruhen, da es mit dem Diskurs *konform* ist. Es kann sich daher nur um etwas handeln, das seine Quelle außerhalb des Subjekts hat. Jacques Lacan bringt hier die Figur den »Großen Anderen« ins Spiel. Der Große Andere ist keine reale Person, sondern vielmehr eine ideologische Instanz. Er steht für die symbolische Ordnung und ist im Diskurs präsent durch Signifikanten wie Mutter, Vater, Partei, Gott etc., die für das Subjekt eine besondere, konstitutive Bedeutung haben. Denn sie erzeugen im Subjekt ein unstillbares Begehren, das sich genau daraus speist, dass auch ihnen ein unüberwindbarer letztlicher Mangel innewohnt, den das Subjekt aufzufüllen versucht. Es erzeugt darum (ideologischen) Sinn, wo es keine reale Bedeutung gibt. Und so lässt sich auch erklären, weshalb die Subjekte Diskurspositionen einnehmen, die nicht wirklich die ihren sind. Sie sind mit dem Begehren des Anderen kontaminiert. Das Begehren ist, wie Lacan sagt, das Begehren des Anderen.[43]

Welche Folgerungen ergeben sich daraus? Zunächst kann festgehalten werden, dass eine Art Betrug vorliegt. Es handelt sich um einen diskursiven Schwindel, bei welchem zunächst mit (leeren) Versprechungen gelockt wird, die später nicht eingehalten werden. Mit anderen Worten: Das Subjekt hat sich auf einen Deal eingelassen, der nur einseitig erfüllt wird, nämlich vom Subjekt selbst.[44] Damit es zur Erkenntnis des Betrugs kommen kann, muss das Subjekt ehrlich zu sich selbst sein, indem es sich eingesteht, dass es viel investiert hat, sich die Mühen aber nicht wirklich auszahlten. Der Betrug wird also immer erst retrospektiv erkannt, in jenem Moment, in welchem man mit der diskursiv vermittelten Ideologie bereits gebrochen hat. Solange das Subjekt nämlich im (ideologischen) Begehren gefangen ist, ist es blind für seine Instrumentatlisierung. Erst nachdem es sich dem Diskurs entzogen hat, kann es fragen, wer oder was diesen Betrug initiiert hat. Lacan bemerkt hierzu: »What I call ›giving ground relative to one's desire‹ is always accompanied in the destiny of the subject by some betrayal – you will observe it in every case and should note its importance. Either the subject betrays his own way, betrays himself, and the result is significant for him, or, more simply, he tolerates the fact that someone with whom he has more or less vowed to do something betrays his hope and doesn't do for him what their pact entailed – whatever that pact may be, fated or ill-fated, risky, shortsighted, or indeed a mater of rebellion or fight, it doesn't matter.«[45]

In einem solchen Fall (eines einseitigen, betrügerischen Pakts), liegt die *Verantwortung* auf beiden Seiten, die *Schuld* aber bei der betrügenden. Die

Verantwortung des Subjekts ergibt sich aus der Unabweisbarkeit der Pflicht, als Diskursteilnehmer die Aussagen der anderen kritisch zu hinterfragen und diese auf ihre Glaubwürdigkeit zu prüfen. Und wenn man doch einmal derart betrogen wurde, hat man die Pflicht darüber zu reflektieren, welche Hoffnungen enttäuscht wurden, was man übersehen hat und vor allem, weshalb es dazu kommen konnte, blind einem fremden Begehren zu folgen. Das begründet allerdings eben keine ursprüngliche Schuld, denn: »The only thing one can be guilty of is giving ground relative to one's desire.«[46]

Diese Pointe mag vielleicht enttäuschend klingen. Doch diese Erkenntnis ist alles, was die Lacansche Psychoanalyse anzubieten hat – und das ist mehr als nichts, denn sie stellt Erklärungsmuster dafür bereit, welche psychologischen Momente dem Kryptodiskurs (und seiner ideologischen Kontaminierung der Kollateraldiskurse) zugrunde liegen. Während in offensichtlich totalitären Systemen die Subjekte ihre Kollaboration zu verantworten haben, liegt die Schuld der Subjekte im demokratisch-liberalen System in der begehrenden Auslieferung an das System selbst. Die modernen Subjekte in den liberalen Demokratien sind keine bloß Gehorchenden, sie sind Äquivalente des Systems, sind seine Verkörperung, seine Untertanen und Hüter zugleich. Sie haben keine eigenen, privaten Kategorien mehr, da sie das System nicht nur als eine äußere Tatsache sehen, welche die symbolische Ordnung um sie herum konfiguriert, sondern sie sehen es als Bedingung des Glücks. Dieser Zustand ist die Geburtsstunde der politischen Religion, in welcher die Repression nicht mehr vom Staat ausgeht, sondern von den beherrschten Subjekten selbst: Sie müssen es nicht mehr, sie *wollen* es.

Der einzige Weg, sich davon zu befreien, ist die Erkenntnis, das fremdes Begehren zu eigenem wurde. Der einzige Weg, sich davor zu schützen, ist die Entsagung: die Verweigerung, sein Begehren in die unterschiedlichen Kollateraldiskurse zu investieren. Damit ist aber noch nicht geklärt (und es bedürfte weiterer Untersuchungen), wie man die Macht des Diskurses zähmen oder gar unschädlich machen könnte. Ersteres scheint ein notwendiges Unterfangen zu sein, letzteres eine hoffnungslose Utopie.

Anmerkungen

ANMERKUNGEN

1. Es wird im Film nicht explizit die Konfession genannt, doch ist die Institution der Orden, in welchen enthaltsame Ordensleute leben, weitestgehend dem katholischen Kotext entsprungen.

2. Ähnliches gilt aber auch für Italiener, Ex-Jugoslawen, Polen, Griechen und dergleichen.

3. Auf diesen Begriff wird der Autor noch genauer zu sprechen kommen.

4. Aber auch in anderen Filmen deutscher Produktion: »Mein Blind Date mit dem Leben« (2017), die Tatort-Folge »Rhythm and Love« u.a.

5. Vgl. Wörterbuch der philosophischen Begriffe, S. 666.

6. Vgl. EC, S. 690.

7. Was willst Du?

8. Kant, KrV B850.

9. Auf Deutsch: Alles geht. Alles ist erlaubt.

10. Im Kontext der Katholischen Kirche, die über einen eigenen Kirchenstaat verfügt, ist die Situation komplizierter. Die kontemporäre Staatsideologie kann demnach leichter die sogenannten Landeskirchen kontrollieren, was sich auch am Beispiel des Reichsbischofs Müller im Dritten Reich gezeigt hat.

11. Byung-Chul Han (2016), S. 3.

12. Ibid., S. 10.

13. Ibid.

14. Vgl. Ibid., S. 17.

15. Siehe auch Abhandlung 3.

16. Whitehead (1987), S. 39.

17. Interessant in diesem Zusammenhang: Joh 1, 38–39.

18. Vgl. Wittgenstein (1963), S. 89.

19. Vgl. Ibid., S. 33.

20. Vgl. Ibid., S. 81.

21. Das Reale ist nicht mit Realität zu verwechseln. In Lacans Denken äußert sich das Reale in der Tragik oder Komik. Dort, wo die symbolische Regulierung (feste Abläufe, Zeremonien, Liturgien, Regeln und Verhaltensetiketten) durch einen Bruch gestört wird, tritt das Reale zutage.

22. Das Reale (z.B. Tragik oder Komik) ist definiert dadurch, dass es sich jeglicher Symbolisierung entzieht.

23. Der unabhängige Staat Kroatien war während des Zweiten Weltkrieges mit dem Dritten Reich verbündet. Zahlreiche kroatische Infanterie-Regimente kämpften an der Seite der Wehrmacht und der SS – auch an der Ostfront.

24. Vgl. Sloterdijk (2013), S. 55.

25. Siehe in: Lacan (2006), S. 681.

26. Vgl. Lacan (2008), S. 35: Das heißt, dass der Mensch maßgeblich als *sprachliches Wesen* Mensch ist.

27. Da sich das Reale als Dimension sui generis jeglicher Symbolisierung entzieht.

28. Vgl. Mapping Ideology (2012), S. 111.

29. Vgl. Ibid., S. 122.

30. Vgl. Ibid.

31. Goebbels Reden (1972), S. 151–152.

32. Meyer (2001), S. 10.

33. Vgl. Ibid.

34. Ibid., S. 11.

35. Beispielsweise die Zerschlagung des schiitischen Halbmondes im Nahen Osten.

36. Sein ist Wahrgenommenwerden.

37. Vgl. Wörterbuch der philosophischen Begriffe (2013). Hamburg: Meiner (Philosophische Bibliothek, 500).

38. Vgl. Sloterdijk (2013), S. 59.

39. Bridle (2018), S. 191.

40. Byung-Chul Han (2017), S. 20–21.

41. Heisenberg (1977), S. 13.

42. Žižek (2011), S. 157.

43. Vgl. Lacan (2013), S. 309.

44. Der Fall des Selbstbetruges wird in der Reflexion ignoriert, da er für den hier verfolgten Zweck unwesentlich ist.

45. Ibid., S. 321.

46. Lacan (2013), S. 321.

Literatur

LITERATUR

- Bobanovic, Denis (2020): *Kryptototalitarismus und Diskurs. Rekonstruktion diskursiv-ideologischer Zwangsmechanismen*. In: Aufklärung und Kritik 27 (2), S. 25–37. (In diesem Buch die dritte Abhandlung)
- Bridle, James (2018): *New Dark Age. Technology and the End of the Future*. London, Brooklyn, NY: Verso.
- Foucault, Michel (2017): *Die Ordnung des Diskurses*. Erweiterte Ausgabe, 14. Auflage. Frankfurt am Main: FISCHER Taschenbuch (Fischer Taschenbuch Fischer Wissenschaft, 10083).
- Goebbels-Reden (1972). Düsseldorf: Droste.
- Han, Byung-Chul (2016): *Müdigkeitsgesellschaft Burnoutgesellschaft Hoch-Zeit*. 1. Aufl. Berlin: Matthes Seitz Berlin Verlag (Fröhliche Wissenschaft).
- Han, Byung-Chul (2017): *Psychopolitics. Neoliberalism and new technologies of power*. London, Brooklyn, NY: Verso (Verso futures).
- Heisenberg, Werner (1977): *Physik und Philosophie*. Dt. Originalausg. Frankfurt/M.: Ullstein Taschenbücher-Verl. (Ullstein Bücher, 249).
- Kant, Immanuel (1998): *Kritik der reinen Vernunft*. Hamburg: Meiner (Philosophische Bibliothek, 505).
- Lacan, Jacques (2006): *Ecrits*. The first complete edition in English. New York: Norton.
- Lacan, Jacques (2008): *Meine Lehre*. 1. Aufl. Wien: Turia & Kant (Lacans paradoxa).
- Lacan, Jacques (2013): *The Ethics of Psychoanalysis 1959-1960. The Seminar of Jacques Lacan*. Hoboken: Taylor and Francis.
- Meyer, Thomas (2015): *Mediokratie. Die Kolonisierung der Politik durch das Mediensystem*. 6. Auflage. Frankfurt am Main: Suhrkamp (Edition Suhrkamp, 2204).
- Sloterdijk, Peter (2013): *Im Schatten des Sinai. Fußnote über Ursprünge und Wandlungen totaler Mitgliedschaft*. 1. Auflage, Originalausgabe. Berlin: Suhrkamp (Edition Suhrkamp, 2672).
- Whitehead, Alfred North (1987): *Prozeß und Realität. Entwurf einer Kosmologie*. 7. Auflage. Frankfurt am Main: Suhrkamp (Suhrkamp-Taschenbuch Wissenschaft, 690).
- Wittgenstein, Ludwig (2016): *Logisch-philosophische Abhandlung. Tractatus logico-philosophicus*. 36. Auflage. Frankfurt am Main: Suhrkamp (Edition Suhrkamp, 12).

- Wörterbuch der philosophischen Begriffe (2013). Hamburg: Meiner (Philosophische Bibliothek, 500).
- Žižek, Slavoj (2011): Did somebody say Totalitarianism? Five interventions in the (mis)use of a notion. 2nd ed. London: Verso (Essential Žižek).
- Žižek, Slavoj (Hg.) (2012): *Mapping Ideology*. Paperback ed. London: Verso (The mapping series).
- Zupančič, Alenka (2001): *Das Reale einer Illusion. Kant und Lacan*. Orig.-Ausg., 1. Aufl. Frankfurt am Main: Suhrkamp (Suhrkamp-Taschenbuch Wissenschaft, 1546).
- Zupančič, Alenka (2008): *The odd one in. On comedy*. Cambridge, Mass.: MIT Press (Short circuits).